사고력 수학 소마가 개발한 연산학습의 새 기준!!
소마의 **마**술같은 원리셈

소마셈

KB094297

수학이 즐거워지는 특별한 수학교실
소마에서 개발한 연산교재 소마셈

소마셈

2002년 대치소마 개원 이후로 끊임없는 교재 연구와 교구의 개발은 소마의 자랑이자 자부심입니다. 교구, 게임, 토론 등의 다양한 활동식 수업으로 스스로 문제해결능력을 키우고, 아이들이 수학에 대한 흥미와 자신감을 가질 수 있도록 차별성 있는 수업을 해 온 소마에서 연산 학습의 새로운 패러다임을 제시합니다.

연산 교육의 현실

연산 교육의 가장 큰 폐해는 '초등 고학년 때 연산이 빠르지 않으면 고생한다.'는 기존 연산 학습지의 왜곡된 마케팅으로 인해 단순 반복을 통한 기계적 연산을 강조하는 것입니다. 하지만, 기계적 반복을 위주로 하는 연산은 개념과 원리가 빠진 연산 학습으로써 아이들이 수학을 싫어하게 만들 뿐 아니라 사고의 확장을 막는 학습방법입니다.

초등수학 교과과정과 연산

초등교육과정에서는 문자와 기호를 사용하지 않고 말로 풀어서 연산의 개념과 원리를 설명하다가 중등교육과정부터 문자와 기호를 사용합니다. 교과서를 살펴보면 모든 연산의 도입에 원리가 잘 설명되어 있습니다. 요즘 현실에서는 연산의 원리를 묻는 서술형 문제도 많이 출제되고 있는데 연산은 연습이 우선이라는 인식이 아직도 지배적입니다.

연산 학습은 어떻게?

연산 교육은 별도로 떼어내어 추상적인 숫자나 기호만 가지고 다뤄서는 절대로 안됩니다. 구체물을 가지고 생각하고 이해한 후, 연산 연습을 하는 것이 필요합니다. 또한, 속도보다 정확성을 위주로 학습하여 실수를 극복할 수 있는 좋은 습관을 갖추는 데에 초점을 맞춰야 합니다.

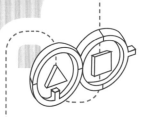

소마셈 연산학습 방법

10이 넘는 한 자리 덧셈   구체물을 통한 개념의 이해

덧셈과 뺄셈의 기본은 수를 세는 데에 있습니다. 8+4는 8에서 1씩 4번을 더 센 것이라는 개념이 중요합니다. 10의 보수를 이용한 받아 올림을 생각하면 8+4는 (8+2)+2지만 연산 공부를 시작할 때에는 덧셈의 기본 개념에 충실한 것이 좋습니다. 이 책은 구체물을 통해 개념을 이해할 수 있도록 구체적인 예를 든 연산 문제로 구성하였습니다.

가로셈   가로셈을 통한 수에 대한 사고력 기르기

세로셈이 잘못된 방법은 아니지만 연산의 원리는 잊고 받아 올림한 숫자는 어디에 적어야 하는지만을 기억하여 마치 공식처럼 풀게 합니다. 기계적으로 반복하는 연습은 생각없이 연산을 하게 만듭니다. 가로셈을 통해 원리를 생각하고 수를 쪼개고 붙이는 등의 과정에서 키워질 수 있는 수에 대한 사고력도 매우 중요합니다.

곱셈구구   곱셈도 개념 이해를 바탕으로

곱셈구구는 암기에만 초점을 맞추면 부작용이 큽니다. 곱셈은 덧셈을 압축한 것이라는 원리를 이해하며 구구단을 외움으로써 연산을 빨리 할 수 있다는 것을 알게 해야 합니다. 곱셈구구를 외우는 것도 중요하지만 곱셈의 의미를 정확하게 아는 것이 더 중요합니다. 4×3을 할 줄 아는 학생이 두 자리 곱하기 한 자리는 안 배워서 45×3을 못 한다고 말하는 일은 없도록 해야 합니다.

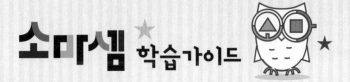
소마셈 학습가이드

K 단계 (5, 6, 7세) · 연산을 시작하는 단계

뛰어세기, 거꾸로 뛰어세기를 통해 수의 연속한 성질(linearity)을 이해하고 덧셈, 뺄셈을 공부합니다. 각 권의 호흡은 짧지만 일관성 있는 접근으로 자연스럽게 나선형식 반복학습의 효과가 있도록 하였습니다.

학습대상 : 연산을 시작하는 아이와 한 자리 수 덧셈을 구체물(손가락 등)을 이용하여 해결하는 아이

학습목표 : 수와 연산의 튼튼한 기초 만들기

P 단계 (7세, 1학년) · 받아올림이 있는 덧셈, 뺄셈을 배울 준비를 하는 단계

5, 6, 9 뛰어세기를 공부하면서 10을 이용한 더하기, 빼기의 편리함을 알도록 한 후, 가르기와 모으기의 집중학습으로 보수 익히기, 10의 보수를 이용한 덧셈, 뺄셈의 원리를 공부합니다.

학습대상 : 받아올림이 없는 한 자리 수의 덧셈을 할 줄 아는 학생

학습목표 : 받아올림이 있는 연산의 토대 만들기

A 단계 (1학년) · 초등학교 1학년 교과과정 연산

받아올림이 있는 한 자리 수의 덧셈, 뺄셈은 연산 전체에 매우 중요한 단계입니다. 원리를 정확하게 알고 A1에서 A4까지 총 4권에서 한 자리 수의 연산을 다양한 과정으로 연습하도록 하였습니다.

학습대상 : 초등학교 1학년 수학교과과정을 공부하는 학생

학습목표 : 10의 보수를 이용한 받아올림이 있는 덧셈, 뺄셈

B 단계 (2학년) · 초등학교 2학년 교과과정 연산

두 자리, 세 자리 수의 연산을 다룬 후 곱셈, 나눗셈을 다루는 과정에서 곱셈구구의 암기를 확인하기보다는 곱셈구구를 외우는데 도움이 되고, 곱셈, 나눗셈의 원리를 확장하여 사고할 수 있도록 하는데 초점을 맞추었습니다.

학습대상 : 초등학교 2학년 수학교과과정을 공부하는 학생

학습목표 : 덧셈, 뺄셈의 완성 / 곱셈, 나눗셈의 원리를 정확하게 알고 개념 확장

C 단계 (3학년) · 초등학교 3, 4학년 교과과정 연산

B단계까지의 소마셈은 다양한 문제를 통해서 학생들이 즐겁게 연산을 공부하고 원리를 정확하게 알게 하는데 초점을 맞추었다면, C단계는 3학년 과정의 큰 수의 연산과 4학년 과정의 혼합 계산, 괄호를 사용한 식 등, 필수 연산의 연습을 충실히 할 수 있도록 하였습니다.

학습대상 : 초등학교 3, 4학년 수학교과과정을 공부하는 학생

학습목표 : 큰 수의 곱셈과 나눗셈, 혼합 계산

D 단계 (4학년) · 초등학교 4, 5학년 교과과정 연산

분모가 같은 분수의 덧셈과 뺄셈, 소수의 덧셈과 뺄셈을 공부하여 초등 4학년 과정 연산을 마무리하고 초등 5학년 연산과정에서 가장 중요한 약수와 배수, 분모가 다른 분수의 덧셈과 뺄셈을 충분히 익힐 수 있도록 하였습니다.

학습대상 : 초등학교 4, 5학년 수학교과과정을 공부하는 학생

학습목표 : 분모가 같은 분수의 덧셈과 뺄셈, 소수의 덧셈과 뺄셈, 분모가 다른 분수의 덧셈과 뺄셈

소마셈 단계별 학습내용

K단계 추천연령 : 5, 6, 7세

단계	K1	K2	K3	K4
권별 주제	10까지의 더하기와 빼기 1	20까지의 더하기와 빼기 1	10까지의 더하기와 빼기 2	20까지의 더하기와 빼기 2
단계	K5	K6	K7	K8
권별 주제	10까지의 더하기와 빼기 3	20까지의 더하기와 빼기 3	20까지의 더하기와 빼기 4	7까지의 가르기와 모으기

P단계 추천연령 : 7세, 1학년

단계	P1	P2	P3	P4
권별 주제	30까지의 더하기와 빼기 5	30까지의 더하기와 빼기 6	30까지의 더하기와 빼기 10	30까지의 더하기와 빼기 9
단계	P5	P6	P7	P8
권별 주제	9까지의 가르기와 모으기	10 가르기와 모으기	10을 이용한 더하기	10을 이용한 빼기

A단계 추천연령 : 1학년

단계	A1	A2	A3	A4
권별 주제	덧셈구구	뺄셈구구	세 수의 덧셈과 뺄셈	□가 있는 덧셈과 뺄셈
단계	A5	A6	A7	A8
권별 주제	(두 자리 수) + (한 자리 수)	(두 자리 수) − (한 자리 수)	두 자리 수의 덧셈과 뺄셈	□가 있는 두 자리 수의 덧셈과 뺄셈

B단계 추천연령 : 2학년

단계	B1	B2	B3	B4
권별 주제	(두 자리 수) + (두 자리 수)	(두 자리 수) − (두 자리 수)	세 자리 수의 덧셈과 뺄셈	덧셈과 뺄셈의 활용
단계	B5	B6	B7	B8
권별 주제	곱셈	곱셈구구	나눗셈	곱셈과 나눗셈의 활용

C단계 추천연령 : 3학년

단계	C1	C2	C3	C4
권별 주제	두 자리 수의 곱셈	두 자리 수의 곱셈과 활용	두 자리 수의 나눗셈	세 자리 수의 나눗셈과 활용
단계	C5	C6	C7	C8
권별 주제	큰 수의 곱셈	큰 수의 나눗셈	혼합 계산	혼합 계산의 활용

D단계 추천연령 : 4학년

단계	D1	D2	D3	D4
권별 주제	분모가 같은 분수의 덧셈과 뺄셈(1)	분모가 같은 분수의 덧셈과 뺄셈(2)	소수의 덧셈과 뺄셈	약수와 배수
단계	D5	D6		
권별 주제	분모가 다른 분수의 덧셈과 뺄셈(1)	분모가 다른 분수의 덧셈과 뺄셈(2)		

구성과 특징

1

수 이야기

생활 속의 수 이야기를 통해 수와 연산의 이해를 돕습니다. 수의 역사나 재미있는 연산 문제를 접하면서 수학이 재미있는 공부가 되도록 합니다.

2

원리

가장 기본적인 연산의 원리를 소개합니다. 이때 다양한 방법을 제시하되 가장 효과적인 방법을 적용할 수 있도록 단계적으로 접근하여 충분한 원리의 이해를 돕습니다.

소마의 마술같은 원리셈

연습

원리의 이해를 바탕으로 연산이 익숙해지도록 연습합니다. 먼저 반복적인 연산 연습 후에 나아가 배운 원리를 활용하여 확장된 문제를 해결합니다.

Drill (보충학습)

주차별 주제에 대한 연습이 더 필요한 경우 보충학습을 활용합니다.

 연산과정의 확인이 필수적인 주제는 Drill 의 양을 2배로 담았습니다.

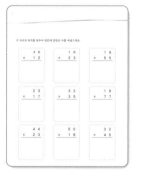

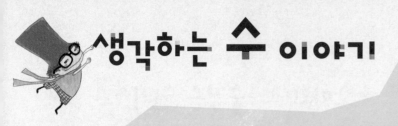

분수의 종류

분수 (分數)는 '나눌 분'에 '셀 수'를 써서 전체를 몇으로 나눈 수를 의미해요. 이때 전체는 1 또는 하나로 보는 것이므로 분수는 1보다 작은 수를 표기하는 방법을 고민하던 과정에서 만들어진 것이지요.

그래서 만들어진 분수인 진분수(眞分數)는 '참, 진짜'라는 뜻을 가진 한자 '진(眞)'을 붙여 $\dfrac{1}{3}$, $\dfrac{3}{4}$과 같이 분자를 분모보다 작게 나타내요.

가분수(假分數)는 $\dfrac{3}{3}$, $\dfrac{4}{3}$와 같이 분자가 분모와 같거나 분모보다 크게 나타내는데, 이는 '거짓, 가짜'라는 뜻의 한자 '가(假)'를 붙여 애초에 생각한 고유의 의미가 아닌 분수라는 의미랍니다.

그리고 $1\dfrac{1}{3}$, $2\dfrac{2}{3}$와 같이 자연수와 진분수의 합으로 이루어진 분수를 '띠를 두르다, 차다'는 뜻의 '대(帶)'를 붙여 진분수가 자연수를 두르고 있는 형태를 뜻하는 대분수(帶分數)라고 해요.

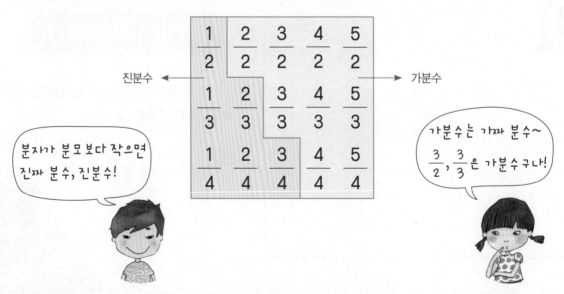

소마셈 D1 - 1주차

분모가 같은 진분수의 덧셈

가분수를 대분수로 나타내기 (1)

 다음과 같이 가분수를 대분수로 나타내는 방법을 알아보고, 빈칸에 알맞은 수를 써 넣으세요.

$$\frac{9}{4} = 2\frac{1}{4}$$

$$\frac{9}{4} \;\rightarrow\; 9 \div 4 = 2 \cdots 1 \;\rightarrow\; 2\frac{1}{4}$$

$$\frac{8}{3} = \boxed{}\frac{\boxed{}}{\boxed{}}$$

$$\frac{8}{3} \;\rightarrow\; 8 \div 3 = \boxed{} \cdots \boxed{} \;\rightarrow\; \boxed{}\frac{\boxed{}}{\boxed{}}$$

 TIP

가분수를 대분수로 나타낼 때, 분자를 분모로 나눈 후 몫은 분수의 자연수 부분에, 나머지는 분자에 씁니다.

빈칸에 알맞은 수를 써넣으세요.

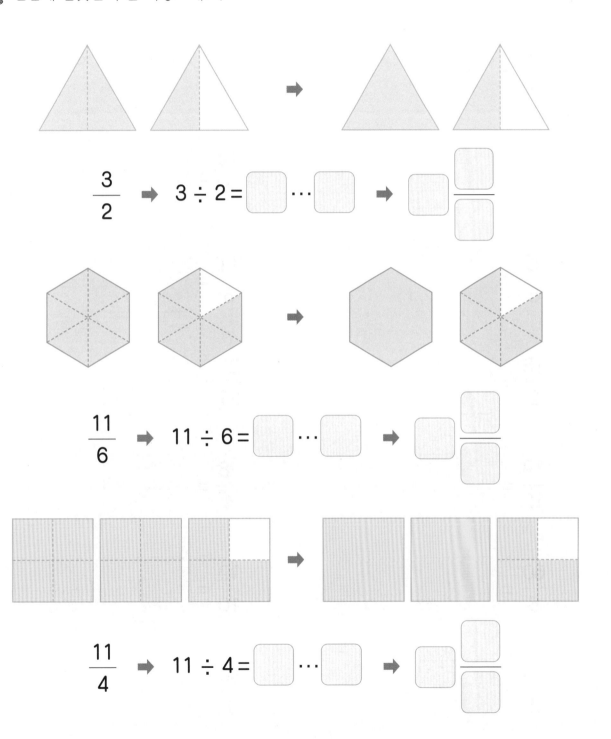

$\dfrac{3}{2}$ ➡ 3 ÷ 2 = ☐ … ☐ ➡ ☐ $\dfrac{\Box}{\Box}$

$\dfrac{11}{6}$ ➡ 11 ÷ 6 = ☐ … ☐ ➡ ☐ $\dfrac{\Box}{\Box}$

$\dfrac{11}{4}$ ➡ 11 ÷ 4 = ☐ … ☐ ➡ ☐ $\dfrac{\Box}{\Box}$

 가분수를 대분수 또는 자연수로 나타내세요.

$\dfrac{5}{3}$ = $1\dfrac{2}{3}$

$\dfrac{7}{4}$ =

$\dfrac{9}{8}$ =

$\dfrac{14}{3}$ =

$\dfrac{22}{5}$ =

$\dfrac{11}{8}$ =

$\dfrac{16}{2}$ =

$\dfrac{21}{21}$ =

$\dfrac{19}{12}$ =

$\dfrac{28}{4}$ =

$\dfrac{60}{5}$ =

$\dfrac{19}{10}$ =

$\dfrac{35}{4}$ =

$\dfrac{30}{7}$ =

가분수를 대분수 또는 자연수로 나타내세요.

$\dfrac{8}{2}$ =

$\dfrac{28}{3}$ =

$\dfrac{15}{13}$ =

$\dfrac{14}{11}$ =

$\dfrac{18}{5}$ =

$\dfrac{36}{12}$ =

$\dfrac{24}{5}$ =

$\dfrac{9}{9}$ =

$\dfrac{21}{7}$ =

$\dfrac{17}{6}$ =

$\dfrac{32}{10}$ =

$\dfrac{24}{3}$ =

$\dfrac{33}{4}$ =

$\dfrac{16}{13}$ =

가분수를 대분수로 나타내기 (2)

 가분수를 대분수 또는 자연수로 나타내세요.

$\dfrac{19}{6} = 3\dfrac{1}{6}$

$\dfrac{20}{9} =$

$\dfrac{18}{18} =$

$\dfrac{13}{2} =$

$\dfrac{37}{6} =$

$\dfrac{50}{7} =$

$\dfrac{56}{7} =$

$\dfrac{35}{4} =$

$\dfrac{20}{6} =$

$\dfrac{37}{5} =$

$\dfrac{32}{15} =$

$\dfrac{34}{8} =$

$\dfrac{16}{5} =$

$\dfrac{47}{10} =$

가분수를 대분수 또는 자연수로 나타내세요.

$\dfrac{8}{5}$ =

$\dfrac{30}{4}$ =

$\dfrac{23}{18}$ =

$\dfrac{42}{5}$ =

$\dfrac{45}{8}$ =

$\dfrac{53}{17}$ =

$\dfrac{81}{9}$ =

$\dfrac{31}{10}$ =

$\dfrac{26}{3}$ =

$\dfrac{41}{6}$ =

$\dfrac{49}{7}$ =

$\dfrac{82}{13}$ =

$\dfrac{40}{9}$ =

$\dfrac{37}{4}$ =

진분수의 덧셈 (1)

 다음과 같이 진분수끼리의 덧셈을 하세요.

$$\frac{2}{4} \quad + \quad \frac{1}{4} \quad = \quad \frac{3}{4}$$

$\dfrac{3}{5} + \dfrac{1}{5} = \dfrac{\boxed{3} + \boxed{1}}{5} = \dfrac{\boxed{4}}{5}$ $\qquad$ $\dfrac{1}{3} + \dfrac{1}{3} = \dfrac{\boxed{} + \boxed{}}{3} = \dfrac{\boxed{}}{3}$

$\dfrac{2}{6} + \dfrac{3}{6} = \dfrac{\boxed{} + \boxed{}}{6} = \dfrac{\boxed{}}{6}$ $\qquad$ $\dfrac{4}{7} + \dfrac{2}{7} = \dfrac{\boxed{} + \boxed{}}{7} = \dfrac{\boxed{}}{7}$

$\dfrac{5}{10} + \dfrac{4}{10} = \dfrac{\boxed{} + \boxed{}}{10} = \dfrac{\boxed{}}{10}$ $\qquad$ $\dfrac{2}{14} + \dfrac{7}{14} = \dfrac{\boxed{} + \boxed{}}{14} = \dfrac{\boxed{}}{14}$

분모가 같은 진분수끼리의 덧셈은 분모는 그대로 쓰고, 분자끼리 더합니다.

🌱 분수의 덧셈을 하세요.

$\dfrac{2}{8} + \dfrac{1}{8} = \dfrac{3}{8}$

$\dfrac{1}{7} + \dfrac{4}{7} =$

$\dfrac{5}{12} + \dfrac{6}{12} =$

$\dfrac{1}{4} + \dfrac{2}{4} =$

$\dfrac{3}{9} + \dfrac{3}{9} =$

$\dfrac{4}{10} + \dfrac{3}{10} =$

$\dfrac{8}{23} + \dfrac{12}{23} =$

$\dfrac{4}{19} + \dfrac{13}{19} =$

$\dfrac{3}{15} + \dfrac{8}{15} =$

$\dfrac{2}{17} + \dfrac{9}{17} =$

$\dfrac{4}{13} + \dfrac{9}{13} =$

$\dfrac{7}{11} + \dfrac{3}{11} =$

$\dfrac{7}{17} + \dfrac{7}{17} =$

$\dfrac{13}{26} + \dfrac{8}{26} =$

분수의 덧셈을 하세요.

$\dfrac{5}{14} + \dfrac{4}{14} =$

$\dfrac{4}{9} + \dfrac{3}{9} =$

$\dfrac{9}{20} + \dfrac{6}{20} =$

$\dfrac{5}{8} + \dfrac{1}{8} =$

$\dfrac{9}{16} + \dfrac{4}{16} =$

$\dfrac{2}{12} + \dfrac{6}{12} =$

$\dfrac{8}{19} + \dfrac{7}{19} =$

$\dfrac{4}{7} + \dfrac{2}{7} =$

$\dfrac{4}{21} + \dfrac{8}{21} =$

$\dfrac{11}{17} + \dfrac{4}{17} =$

$\dfrac{6}{25} + \dfrac{16}{25} =$

$\dfrac{3}{21} + \dfrac{17}{21} =$

$\dfrac{15}{36} + \dfrac{8}{36} =$

$\dfrac{14}{23} + \dfrac{5}{23} =$

진분수의 덧셈 (2)

 다음과 같이 진분수끼리의 덧셈을 하세요.

$$\frac{3}{4} \quad + \quad \frac{2}{4} \quad = \quad \frac{5}{4} = 1\frac{1}{4}$$

$$\frac{4}{7} + \frac{6}{7} = \frac{\boxed{4} + \boxed{6}}{7} = \frac{\boxed{10}}{7} = \boxed{1}\frac{\boxed{3}}{7}$$

$$\frac{2}{5} + \frac{4}{5} = \frac{\boxed{} + \boxed{}}{5} = \frac{\boxed{}}{5} = \boxed{}\frac{\boxed{}}{5}$$

$$\frac{9}{13} + \frac{7}{13} = \frac{\boxed{} + \boxed{}}{13} = \frac{\boxed{}}{13} = \boxed{}\frac{\boxed{}}{13}$$

TIP

분모가 같은 진분수끼리의 덧셈은 분모는 그대로 쓰고, 분자끼리 더합니다. 이때, 덧셈의 계산 결과가 가분수이면 대분수로 바꾸어 나타내도록 합니다.

 분수의 덧셈을 하고, 계산 결과가 가분수이면 대분수로 나타내세요.

$\dfrac{3}{4} + \dfrac{4}{4} = \boxed{1\dfrac{3}{4}}$
$\qquad$
$\dfrac{2}{7} + \dfrac{6}{7} = \boxed{}$

$\dfrac{5}{9} + \dfrac{6}{9} = \boxed{}$
$\qquad$
$\dfrac{4}{8} + \dfrac{4}{8} = \boxed{}$

$\dfrac{7}{11} + \dfrac{8}{11} = \boxed{}$
$\qquad$
$\dfrac{9}{10} + \dfrac{4}{10} = \boxed{}$

$\dfrac{3}{5} + \dfrac{7}{5} = \boxed{}$
$\qquad$
$\dfrac{5}{12} + \dfrac{8}{12} = \boxed{}$

$\dfrac{8}{14} + \dfrac{6}{14} = \boxed{}$
$\qquad$
$\dfrac{7}{9} + \dfrac{7}{9} = \boxed{}$

$\dfrac{15}{19} + \dfrac{6}{19} = \boxed{}$
$\qquad$
$\dfrac{7}{13} + \dfrac{9}{13} = \boxed{}$

$\dfrac{11}{24} + \dfrac{18}{24} = \boxed{}$
$\qquad$
$\dfrac{15}{20} + \dfrac{18}{20} = \boxed{}$

분수의 덧셈을 하고, 계산 결과가 가분수이면 대분수로 나타내세요.

$\dfrac{6}{7} + \dfrac{3}{7} =$

$\dfrac{7}{10} + \dfrac{6}{10} =$

$\dfrac{4}{9} + \dfrac{8}{9} =$

$\dfrac{3}{5} + \dfrac{4}{5} =$

$\dfrac{10}{13} + \dfrac{3}{13} =$

$\dfrac{17}{19} + \dfrac{8}{19} =$

$\dfrac{9}{12} + \dfrac{11}{12} =$

$\dfrac{11}{16} + \dfrac{12}{16} =$

$\dfrac{7}{8} + \dfrac{7}{8} =$

$\dfrac{14}{15} + \dfrac{8}{15} =$

$\dfrac{17}{22} + \dfrac{5}{22} =$

$\dfrac{20}{26} + \dfrac{9}{26} =$

$\dfrac{15}{19} + \dfrac{5}{19} =$

$\dfrac{16}{31} + \dfrac{17}{31} =$

진분수끼리의 덧셈 퍼즐

 빈 곳에 두 분수의 합을 써넣으세요. 계산 결과가 가분수이면 대분수로 나타내세요.

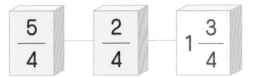

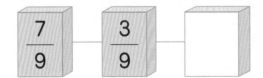

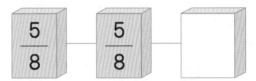

$\dfrac{3}{13}$ — $\dfrac{5}{13}$ — ☐

$\dfrac{9}{16}$ — $\dfrac{6}{16}$ — ☐

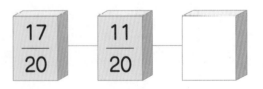

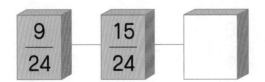

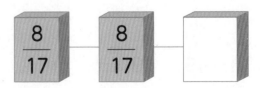

빈 곳에 두 분수의 합을 써넣으세요. 계산 결과가 가분수이면 대분수로 나타내세요.

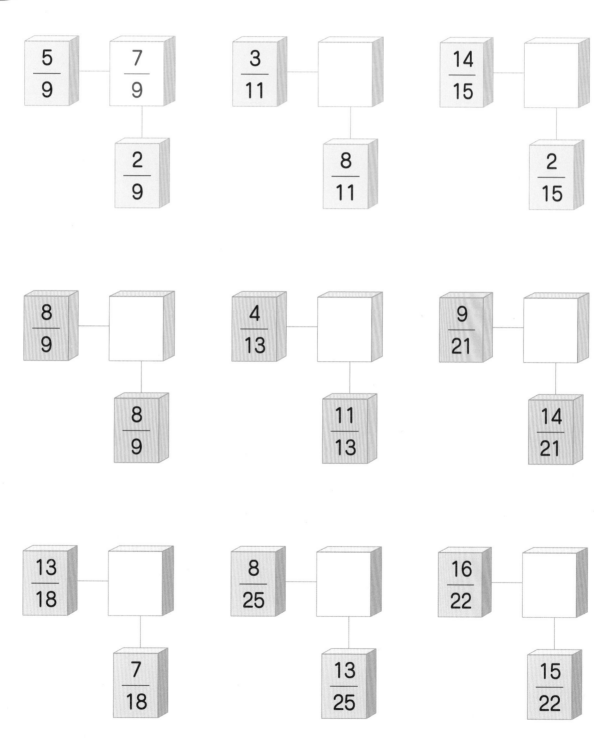

소마셈 D1 – 2주차

분모가 같은 대분수의 덧셈

대분수를 가분수로 나타내기

 다음과 같이 대분수를 가분수로 나타내는 방법을 알아보고, 빈칸에 알맞은 수를 써 넣으세요.

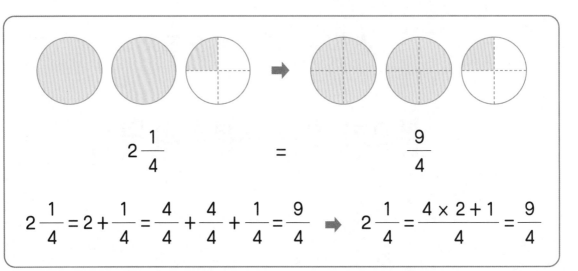

$$2\frac{1}{4} = \frac{9}{4}$$

$$2\frac{1}{4} = 2 + \frac{1}{4} = \frac{4}{4} + \frac{4}{4} + \frac{1}{4} = \frac{9}{4} \quad \Rightarrow \quad 2\frac{1}{4} = \frac{4 \times 2 + 1}{4} = \frac{9}{4}$$

$$1\frac{2}{3} = \frac{\Box}{3} + \frac{\Box}{3} = \frac{\Box}{3} \quad \Rightarrow \quad 1\frac{2}{3} = \frac{\Box \times \Box + \Box}{3} = \frac{\Box}{3}$$

TIP

대분수를 가분수로 나타낼 때, 분모는 그대로 두고 분자는 자연수와 분모를 곱한 수를 분자에 더합니다. 대분수를 가분수로 나타내는 것은 가분수를 대분수로 나타내는 과정을 거꾸로 적용하면 됩니다.

빈칸에 알맞은 수를 써넣으세요.

$2\dfrac{3}{4} = \dfrac{\boxed{}}{4} + \dfrac{\boxed{}}{4} + \dfrac{\boxed{}}{4} = \dfrac{\boxed{}}{4}$ ➡ $2\dfrac{3}{4} = \dfrac{\boxed{} \times \boxed{} + \boxed{}}{4} = \dfrac{\boxed{}}{4}$

$1\dfrac{5}{6} = \dfrac{\boxed{}}{6} + \dfrac{\boxed{}}{6} = \dfrac{\boxed{}}{6}$ ➡ $1\dfrac{5}{6} = \dfrac{\boxed{} \times \boxed{} + \boxed{}}{6} = \dfrac{\boxed{}}{6}$

$2\dfrac{2}{3} = \dfrac{\boxed{}}{3} + \dfrac{\boxed{}}{3} + \dfrac{\boxed{}}{3} = \dfrac{\boxed{}}{3}$ ➡ $2\dfrac{2}{3} = \dfrac{\boxed{} \times \boxed{} + \boxed{}}{3} = \dfrac{\boxed{}}{3}$

 대분수를 가분수로 나타내세요.

$4\dfrac{1}{3}$ = $\dfrac{13}{3}$

$2\dfrac{3}{7}$ =

$5\dfrac{3}{4}$ =

$3\dfrac{5}{9}$ =

$3\dfrac{2}{5}$ =

$2\dfrac{3}{10}$ =

$10\dfrac{1}{2}$ =

$8\dfrac{2}{5}$ =

$7\dfrac{2}{7}$ =

$2\dfrac{3}{15}$ =

$4\dfrac{5}{6}$ =

$2\dfrac{7}{11}$ =

$5\dfrac{11}{12}$ =

$6\dfrac{4}{9}$ =

대분수를 가분수로 나타내세요.

$3\dfrac{4}{7} = $ ⬚

$1\dfrac{7}{10} = $ ⬚

$4\dfrac{2}{9} = $ ⬚

$7\dfrac{3}{5} = $ ⬚

$4\dfrac{5}{12} = $ ⬚

$2\dfrac{9}{10} = $ ⬚

$5\dfrac{10}{11} = $ ⬚

$2\dfrac{5}{6} = $ ⬚

$3\dfrac{6}{8} = $ ⬚

$6\dfrac{1}{7} = $ ⬚

$8\dfrac{5}{9} = $ ⬚

$3\dfrac{1}{16} = $ ⬚

$2\dfrac{1}{14} = $ ⬚

$2\dfrac{5}{18} = $ ⬚

대분수의 덧셈 (1)

 다음과 같이 대분수끼리의 덧셈을 하세요.

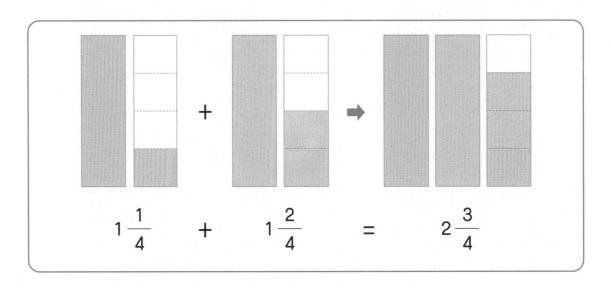

$$1\frac{1}{4} \quad + \quad 1\frac{2}{4} \quad = \quad 2\frac{3}{4}$$

$$1\frac{2}{7} + 2\frac{3}{7} = \boxed{} + \frac{\boxed{}}{7} = \boxed{}\frac{\boxed{}}{7}$$

2+3=5

1+2=3

$$1\frac{3}{8} + 1\frac{4}{8} = \boxed{} + \frac{\boxed{}}{8} = \boxed{}\frac{\boxed{}}{8}$$

$$2\frac{2}{9} + 2\frac{1}{9} = \boxed{} + \frac{\boxed{}}{9} = \boxed{}\frac{\boxed{}}{9}$$

TIP

분모가 같은 대분수끼리의 덧셈은 자연수는 자연수끼리, 분수는 분수끼리 더합니다.

분수의 덧셈을 하세요.

$1\dfrac{1}{5} + 2\dfrac{3}{5} = \boxed{3\dfrac{4}{5}}$

$2\dfrac{1}{3} + 1\dfrac{1}{3} = \boxed{}$

$2\dfrac{4}{7} + 2\dfrac{2}{7} = \boxed{}$

$1\dfrac{2}{9} + 3\dfrac{5}{9} = \boxed{}$

$2\dfrac{7}{10} + 3\dfrac{1}{10} = \boxed{}$

$1\dfrac{4}{13} + 2\dfrac{8}{13} = \boxed{}$

$3\dfrac{5}{11} + 2\dfrac{3}{11} = \boxed{}$

$1\dfrac{3}{8} + 2\dfrac{3}{8} = \boxed{}$

$1\dfrac{2}{16} + 2\dfrac{7}{16} = \boxed{}$

$2\dfrac{5}{15} + 2\dfrac{9}{15} = \boxed{}$

$1\dfrac{14}{17} + 4\dfrac{1}{17} = \boxed{}$

$2\dfrac{2}{10} + 1\dfrac{3}{10} = \boxed{}$

$3\dfrac{5}{22} + 2\dfrac{14}{22} = \boxed{}$

$1\dfrac{15}{27} + 1\dfrac{11}{27} = \boxed{}$

🌱 분수의 덧셈을 하세요.

$1 \dfrac{3}{13} + 1 \dfrac{1}{13} =$

$2 \dfrac{2}{8} + 2 \dfrac{3}{8} =$

$2 \dfrac{2}{6} + 3 \dfrac{3}{6} =$

$1 \dfrac{4}{12} + 1 \dfrac{6}{12} =$

$2 \dfrac{1}{14} + 4 \dfrac{11}{14} =$

$1 \dfrac{13}{22} + 5 \dfrac{8}{22} =$

$5 \dfrac{3}{9} + 2 \dfrac{5}{9} =$

$1 \dfrac{5}{23} + 1 \dfrac{4}{23} =$

$4 \dfrac{2}{17} + 2 \dfrac{8}{17} =$

$3 \dfrac{15}{28} + 2 \dfrac{4}{28} =$

$1 \dfrac{9}{21} + 5 \dfrac{4}{21} =$

$2 \dfrac{13}{25} + 2 \dfrac{9}{25} =$

$3 \dfrac{3}{16} + 4 \dfrac{3}{16} =$

$1 \dfrac{13}{21} + 1 \dfrac{7}{21} =$

대분수의 덧셈 (2)

 다음과 같이 대분수끼리의 덧셈을 하세요.

$$1\frac{4}{5} \quad + \quad 1\frac{2}{5} \quad = \quad 3\frac{1}{5}$$

$$1\frac{4}{5} + 1\frac{2}{5} = 2 + \frac{6}{5} = \boxed{2 + 1}\,\frac{1}{5} = 3\frac{1}{5}$$

$$2\frac{2}{4} + 2\frac{3}{4} = \boxed{} + \frac{\boxed{}}{4} = \left(\boxed{} + \boxed{}\right)\frac{}{4} = \boxed{}\frac{\boxed{}}{4}$$

2+3=5

2+2=4

$$2\frac{5}{7} + 3\frac{4}{7} = \boxed{} + \frac{\boxed{}}{7} = \boxed{} + \boxed{}\frac{}{7} = \boxed{}\frac{\boxed{}}{7}$$

TIP

먼저 자연수는 자연수끼리, 분수는 분수끼리 더합니다. 분수 부분끼리의 합이 가분수이면,
대분수로 나타낸 후 자연수와 더합니다.

 분수의 덧셈을 하세요.

$1\dfrac{3}{4} + 1\dfrac{2}{4} = \boxed{3\dfrac{1}{4}}$ $\qquad$ $2\dfrac{5}{6} + 1\dfrac{4}{6} = \boxed{}$

$1\dfrac{4}{8} + 3\dfrac{5}{8} = \boxed{}$ $\qquad$ $2\dfrac{5}{7} + 1\dfrac{6}{7} = \boxed{}$

$1\dfrac{7}{9} + 1\dfrac{4}{9} = \boxed{}$ $\qquad$ $2\dfrac{4}{10} + 2\dfrac{9}{10} = \boxed{}$

$3\dfrac{8}{12} + 1\dfrac{5}{12} = \boxed{}$ $\qquad$ $2\dfrac{4}{6} + 2\dfrac{3}{6} = \boxed{}$

$1\dfrac{8}{15} + 1\dfrac{8}{15} = \boxed{}$ $\qquad$ $2\dfrac{2}{13} + 1\dfrac{12}{13} = \boxed{}$

$2\dfrac{7}{8} + 2\dfrac{4}{8} = \boxed{}$ $\qquad$ $1\dfrac{7}{9} + 4\dfrac{6}{9} = \boxed{}$

$3\dfrac{6}{14} + 2\dfrac{11}{14} = \boxed{}$ $\qquad$ $1\dfrac{6}{7} + 2\dfrac{3}{7} = \boxed{}$

분수의 덧셈을 하세요.

$1\dfrac{2}{3} + 6\dfrac{2}{3} =$ ☐

$2\dfrac{3}{8} + 4\dfrac{7}{8} =$ ☐

$2\dfrac{4}{7} + 5\dfrac{4}{7} =$ ☐

$1\dfrac{7}{9} + 3\dfrac{7}{9} =$ ☐

$2\dfrac{5}{6} + 3\dfrac{5}{6} =$ ☐

$5\dfrac{5}{10} + 2\dfrac{8}{10} =$ ☐

$1\dfrac{4}{5} + 4\dfrac{2}{5} =$ ☐

$2\dfrac{5}{12} + 1\dfrac{8}{12} =$ ☐

$3\dfrac{3}{9} + 2\dfrac{8}{9} =$ ☐

$1\dfrac{10}{20} + 2\dfrac{11}{20} =$ ☐

$1\dfrac{15}{18} + 1\dfrac{5}{18} =$ ☐

$2\dfrac{3}{15} + 2\dfrac{14}{15} =$ ☐

$3\dfrac{3}{11} + 2\dfrac{10}{11} =$ ☐

$1\dfrac{11}{12} + 2\dfrac{7}{12} =$ ☐

대분수의 덧셈 (3)

 다음과 같이 대분수끼리의 덧셈을 하세요.

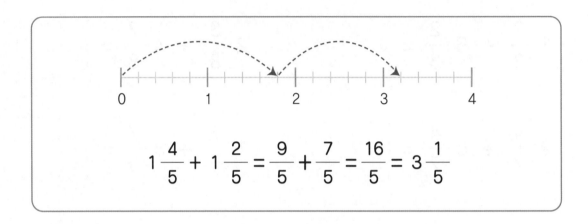

$$1\frac{4}{5} + 1\frac{2}{5} = \frac{9}{5} + \frac{7}{5} = \frac{16}{5} = 3\frac{1}{5}$$

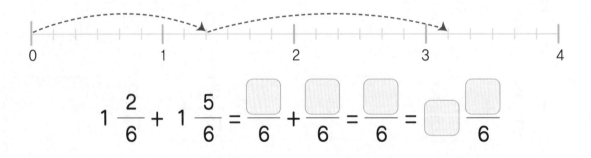

$$1\frac{2}{6} + 1\frac{5}{6} = \frac{\square}{6} + \frac{\square}{6} = \frac{\square}{6} = \square\,\frac{\square}{6}$$

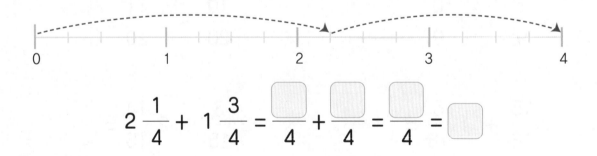

$$2\frac{1}{4} + 1\frac{3}{4} = \frac{\square}{4} + \frac{\square}{4} = \frac{\square}{4} = \square$$

대분수를 가분수로 바꾸어 분자끼리 더한 후 다시 대분수 또는 자연수로 나타냅니다.

분수의 덧셈을 하세요.

$5\dfrac{2}{4} + 2\dfrac{3}{4} = \boxed{8\dfrac{1}{4}}$ $2\dfrac{2}{3} + 3\dfrac{1}{3} = \boxed{}$

$2\dfrac{4}{7} + 2\dfrac{5}{7} = \boxed{}$ $3\dfrac{4}{6} + 3\dfrac{5}{6} = \boxed{}$

$2\dfrac{7}{12} + 1\dfrac{8}{12} = \boxed{}$ $1\dfrac{5}{9} + 5\dfrac{4}{9} = \boxed{}$

$4\dfrac{6}{8} + 1\dfrac{7}{8} = \boxed{}$ $1\dfrac{6}{7} + 3\dfrac{3}{7} = \boxed{}$

$1\dfrac{5}{6} + 2\dfrac{5}{6} = \boxed{}$ $2\dfrac{4}{10} + 1\dfrac{7}{10} = \boxed{}$

$1\dfrac{10}{15} + 2\dfrac{13}{15} = \boxed{}$ $2\dfrac{10}{13} + 1\dfrac{3}{13} = \boxed{}$

$4\dfrac{4}{8} + 2\dfrac{5}{8} = \boxed{}$ $1\dfrac{6}{14} + 1\dfrac{11}{14} = \boxed{}$

 분수의 덧셈을 하세요.

$2\dfrac{4}{9} + 1\dfrac{5}{9} = \boxed{4}$

$2\dfrac{1}{5} + 2\dfrac{4}{5} = \boxed{}$

$2\dfrac{2}{6} + 2\dfrac{5}{6} = \boxed{}$

$2\dfrac{6}{12} + 1\dfrac{11}{12} = \boxed{}$

$1\dfrac{8}{10} + 1\dfrac{7}{10} = \boxed{}$

$1\dfrac{10}{11} + 3\dfrac{9}{11} = \boxed{}$

$4\dfrac{4}{8} + 1\dfrac{4}{8} = \boxed{}$

$3\dfrac{21}{22} + 3\dfrac{6}{22} = \boxed{}$

$2\dfrac{10}{16} + 5\dfrac{11}{16} = \boxed{}$

$1\dfrac{13}{25} + 1\dfrac{18}{25} = \boxed{}$

$1\dfrac{5}{9} + 4\dfrac{4}{9} = \boxed{}$

$2\dfrac{3}{15} + 2\dfrac{14}{15} = \boxed{}$

$2\dfrac{11}{16} + 2\dfrac{5}{16} = \boxed{}$

$2\dfrac{13}{14} + 1\dfrac{6}{14} = \boxed{}$

5 일 차 문장제

 다음을 읽고 알맞은 식을 쓰고, 답을 구하세요. 계산 결과가 가분수이면 대분수로 나타내세요.

주스를 정아는 $\frac{1}{5}$L 마셨고, 성우는 $\frac{3}{5}$L 마셨습니다. 두 사람이 마신 주스는 모두 몇 L일까요?

식 : $\frac{1}{5} + \frac{3}{5} = \frac{4}{5}$

 L

시은이는 길이가 $\frac{5}{9}$m인 막대 2개를 가지고 있습니다. 막대를 겹치지 않고 이어 붙이면 모두 몇 m일까요?

식 :

 m

 다음을 읽고 알맞은 식을 쓰고, 답을 구하세요. 계산 결과가 가분수이면 대분수로 나타내세요.

과일이 여러 개 있습니다. 귤의 무게는 $3\frac{2}{10}$ kg 이고, 사과의 무게는 $4\frac{7}{10}$ kg입니다. 과일을 모두 합하면 모두 몇 kg일까요?

식 :

 kg

집에서 학교까지의 거리는 $2\frac{4}{7}$ km이고, 학교에서 버스정류장까지의 거리는 $3\frac{5}{7}$ km입니다. 집에서 학교를 거쳐 버스정류장까지의 거리는 몇 km일까요?

식 :

 km

다음을 읽고 알맞은 식을 쓰고, 답을 구하세요. 계산 결과가 가분수이면 대분수로 나타내세요.

길이가 각각 $\frac{5}{9}$m와 $\frac{2}{9}$m인 색 테이프의 길이의 합은 몇 m일까요?

식 :

 m

진주와 선우가 도너츠를 먹었습니다. 진주가 $1\frac{1}{3}$개 먹고, 선우가 $2\frac{1}{3}$개 먹었다면 둘이 먹은 도너츠는 모두 몇 개일까요?

식 :

 개

8등분 된 피자 한 판이 있습니다. 형은 두 조각을 먹고, 동생은 한 조각을 먹었습니다. 형과 동생이 먹은 피자는 전체의 몇 분의 몇 조각일까요?

식 :

 조각

 다음을 읽고 알맞은 식을 쓰고, 답을 구하세요. 계산 결과가 가분수이면 대분수로 나타내세요.

성호의 가방은 $3\frac{4}{5}$kg 이고, 지원이의 가방은 $3\frac{3}{5}$kg입니다. 두 사람의 가방은 모두 몇 kg일까요?

식 :

 kg

선영이는 어제 $\frac{5}{6}$시간 책을 읽고, 오늘 $\frac{4}{6}$시간 책을 읽었습니다. 선영이가 어제와 오늘 책을 읽은 시간은 모두 몇 시간일까요?

식 :

 시간

어떤 상자가 있습니다. 이 상자의 무게는 $3\frac{3}{7}$g 짜리 추와 $3\frac{5}{7}$g 짜리 추를 합한 무게와 같습니다. 상자의 무게는 몇 g일까요?

식 :

 g

소마셈 D1 - 3주차

분모가 같은 진분수의 뺄셈

분수의 크기 비교

 더 큰 분수를 찾아 ○표 하세요.

$\frac{5}{4}$ ⃝$1\frac{2}{4}$ $1\frac{2}{4}=\frac{6}{4}$

$\frac{9}{5}$ $1\frac{3}{5}$

$4\frac{1}{3}$ $\frac{8}{3}$

$\frac{15}{6}$ $3\frac{1}{6}$

$3\frac{5}{7}$ $\frac{24}{7}$

$\frac{6}{10}$ $1\frac{5}{10}$

$\frac{22}{5}$ $4\frac{4}{5}$

$2\frac{2}{13}$ $\frac{31}{13}$

 TIP

대분수를 가분수로 나타내거나 가분수를 대분수로 나타낸 후 크기를 비교합니다. 대분수를 가분수로, 가분수를 대분수로 나타내는 것이 능숙해지면 분수의 덧셈과 뺄셈을 쉽게 해결할 수 있습니다.

더 큰 분수를 찾아 ○표 하세요.

$\dfrac{11}{7}$ $1\dfrac{5}{7}$

$7\dfrac{2}{5}$ $\dfrac{35}{5}$

$\dfrac{29}{8}$ $3\dfrac{3}{8}$

$6\dfrac{5}{4}$ $\dfrac{30}{4}$

$\dfrac{29}{4}$ $6\dfrac{3}{4}$

$\dfrac{19}{13}$ $1\dfrac{8}{13}$

$2\dfrac{7}{15}$ $\dfrac{33}{15}$

$\dfrac{36}{11}$ $3\dfrac{8}{11}$

$4\dfrac{2}{12}$ $\dfrac{51}{12}$

$2\dfrac{3}{16}$ $\dfrac{27}{16}$

가장 큰 분수

 다음 중 가장 큰 분수를 찾아 ○표 하세요.

$\dfrac{2}{3}$	$1\dfrac{2}{3}$
$\dfrac{8}{3}$	$2\dfrac{1}{3}$

$1\dfrac{2}{3} = \dfrac{5}{3}$

$2\dfrac{1}{3} = \dfrac{7}{3}$

$2\dfrac{4}{5}$	$3\dfrac{1}{5}$
$\dfrac{3}{5}$	$\dfrac{14}{5}$

$\dfrac{13}{6}$	$\dfrac{5}{6}$
$2\dfrac{5}{6}$	$\dfrac{11}{6}$

$3\dfrac{1}{8}$	$1\dfrac{7}{8}$
$\dfrac{9}{8}$	$2\dfrac{3}{8}$

$\dfrac{16}{7}$	$\dfrac{38}{7}$
$4\dfrac{1}{7}$	$2\dfrac{5}{7}$

$\dfrac{15}{4}$	$5\dfrac{3}{4}$
$6\dfrac{1}{4}$	$\dfrac{23}{4}$

분수를 모두 대분수 또는 가분수로 나타낸 후 가장 큰 수를 찾습니다.

 다음 중 가장 큰 분수를 찾아 ○표 하세요.

$6\dfrac{4}{5}$	$\dfrac{22}{5}$
$5\dfrac{1}{5}$	$\dfrac{37}{5}$

$5\dfrac{3}{4}$	$\dfrac{13}{4}$
$\dfrac{21}{4}$	$\dfrac{3}{4}$

$\dfrac{41}{6}$	$\dfrac{29}{6}$
$6\dfrac{1}{6}$	$3\dfrac{5}{6}$

$7\dfrac{1}{3}$	$\dfrac{25}{3}$
$3\dfrac{2}{3}$	$4\dfrac{2}{3}$

$\dfrac{39}{8}$	$4\dfrac{5}{8}$
$3\dfrac{3}{8}$	$2\dfrac{7}{8}$

$4\dfrac{6}{7}$	$\dfrac{18}{7}$
$\dfrac{33}{7}$	$5\dfrac{3}{7}$

진분수의 뺄셈 (1)

 다음과 같이 진분수끼리의 뺄셈을 하세요.

$$\frac{6}{8} - \frac{2}{8} = \frac{4}{8}$$

$$\frac{5}{6} - \frac{2}{6} = \frac{\boxed{5} - \boxed{2}}{6} = \frac{\boxed{3}}{6}$$

$$\frac{3}{4} - \frac{2}{4} = \frac{\boxed{} - \boxed{}}{4} = \frac{\boxed{}}{4}$$

$$\frac{7}{9} - \frac{3}{9} = \frac{\boxed{} - \boxed{}}{9} = \frac{\boxed{}}{9}$$

$$\frac{4}{5} - \frac{1}{5} = \frac{\boxed{} - \boxed{}}{5} = \frac{\boxed{}}{5}$$

$$\frac{9}{11} - \frac{4}{11} = \frac{\boxed{} - \boxed{}}{11} = \frac{\boxed{}}{11}$$

$$\frac{12}{13} - \frac{6}{13} = \frac{\boxed{} - \boxed{}}{13} = \frac{\boxed{}}{13}$$

분모가 같은 진분수끼리의 뺄셈은 분모가 같은 진분수끼리의 덧셈처럼 분모는 그대로 쓰고, 분자끼리 뺍니다.

분수의 뺄셈을 하세요.

$\dfrac{5}{7} - \dfrac{4}{7} = \dfrac{1}{7}$

$\dfrac{7}{8} - \dfrac{6}{8} =$

$\dfrac{5}{9} - \dfrac{1}{9} =$

$\dfrac{8}{11} - \dfrac{3}{11} =$

$\dfrac{12}{14} - \dfrac{11}{14} =$

$\dfrac{13}{15} - \dfrac{6}{15} =$

$\dfrac{17}{20} - \dfrac{6}{20} =$

$\dfrac{13}{18} - \dfrac{9}{18} =$

$\dfrac{5}{7} - \dfrac{4}{7} =$

$\dfrac{11}{12} - \dfrac{7}{12} =$

$\dfrac{16}{22} - \dfrac{8}{22} =$

$\dfrac{8}{10} - \dfrac{3}{10} =$

$\dfrac{11}{13} - \dfrac{5}{13} =$

$\dfrac{14}{17} - \dfrac{6}{17} =$

 분수의 뺄셈을 하세요.

$\dfrac{5}{6} - \dfrac{2}{6} = \boxed{\dfrac{3}{6}}$ $\dfrac{9}{10} - \dfrac{2}{10} = \boxed{}$

$\dfrac{10}{14} - \dfrac{7}{14} = \boxed{}$ $\dfrac{13}{16} - \dfrac{3}{16} = \boxed{}$

$\dfrac{14}{17} - \dfrac{8}{17} = \boxed{}$ $\dfrac{9}{13} - \dfrac{7}{13} = \boxed{}$

$\dfrac{18}{24} - \dfrac{9}{24} = \boxed{}$ $\dfrac{12}{15} - \dfrac{7}{15} = \boxed{}$

$\dfrac{20}{27} - \dfrac{6}{27} = \boxed{}$ $\dfrac{19}{18} - \dfrac{7}{18} = \boxed{}$

$\dfrac{13}{16} - \dfrac{5}{16} = \boxed{}$ $\dfrac{25}{29} - \dfrac{13}{29} = \boxed{}$

$\dfrac{27}{31} - \dfrac{16}{31} = \boxed{}$ $\dfrac{21}{23} - \dfrac{17}{23} = \boxed{}$

진분수의 뺄셈 (2)

 다음과 같이 진분수끼리의 뺄셈을 하세요.

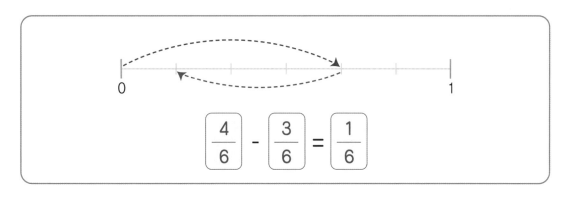

$$\frac{4}{6} - \frac{3}{6} = \frac{1}{6}$$

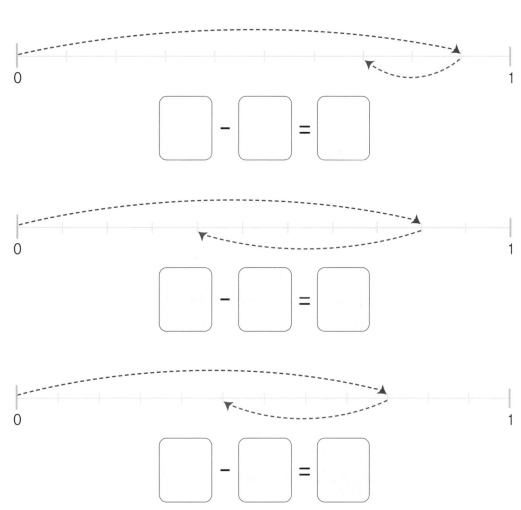

 다음과 같이 진분수끼리의 뺄셈을 하세요.

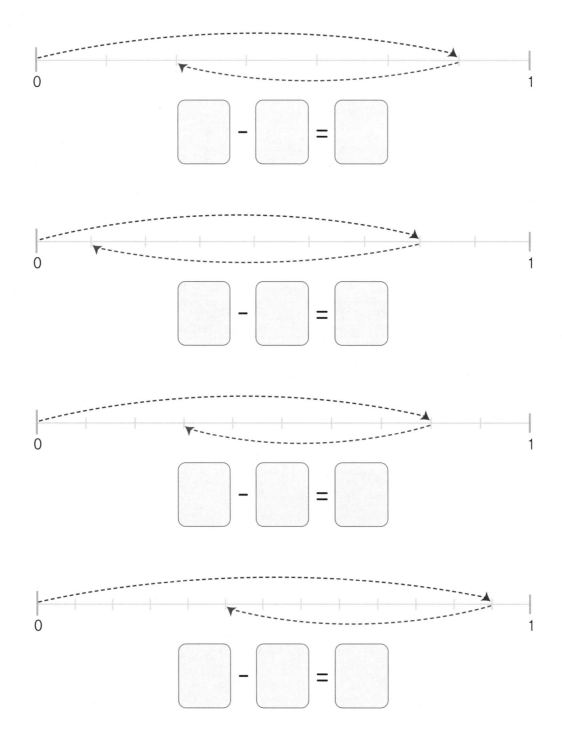

진분수끼리의 뺄셈 퍼즐

 빈 곳에 두 분수의 차를 써넣으세요.

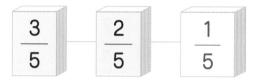

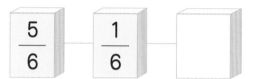

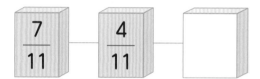

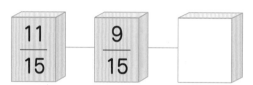

$\dfrac{10}{14}$　$\dfrac{5}{14}$　□

$\dfrac{18}{22}$　$\dfrac{6}{22}$　□

$\dfrac{9}{18}$　$\dfrac{4}{18}$　□

$\dfrac{13}{23}$　$\dfrac{7}{23}$　□

$\dfrac{25}{30}$　$\dfrac{16}{30}$　□

$\dfrac{27}{29}$　$\dfrac{9}{29}$　□

빈 곳에 두 분수의 차를 써넣으세요.

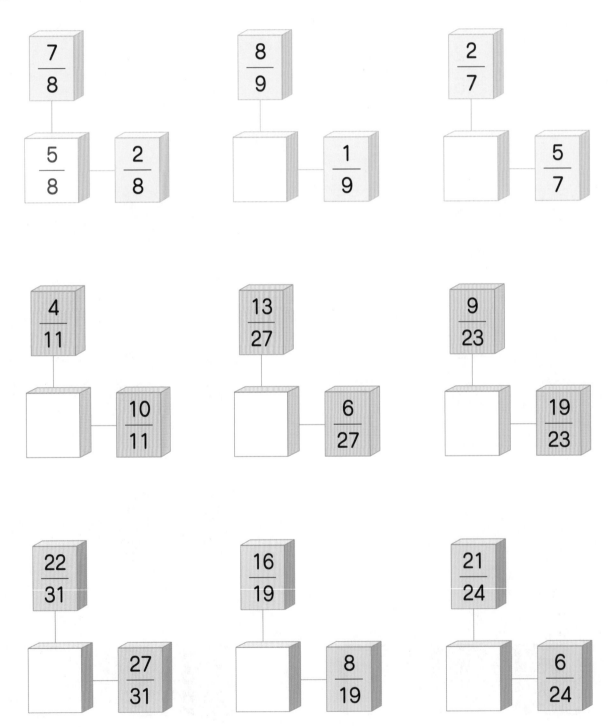

소마셈 D1 – 4주차

분모가 같은 대분수의 뺄셈

대분수를 가분수로 나타내기

 다음과 같이 대분수의 자연수 부분 중 1만을 가져와서 가분수로 나타내는 방법을 알아보고, 빈칸에 알맞은 수를 써넣으세요.

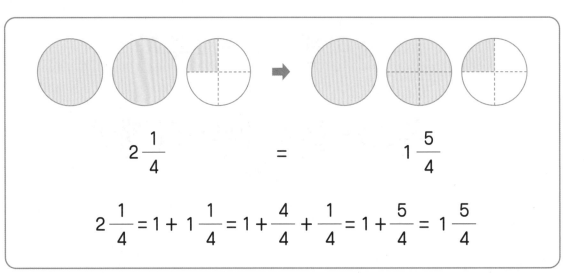

$$2\frac{1}{4} = 1 + 1\frac{1}{4} = 1 + \frac{4}{4} + \frac{1}{4} = 1 + \frac{5}{4} = 1\frac{5}{4}$$

$$2\frac{2}{3} = \boxed{} + \boxed{}\frac{\boxed{}}{3} = \boxed{} + \frac{\boxed{}}{3} + \frac{\boxed{}}{3} = \boxed{} + \frac{\boxed{}}{3} = \boxed{}\frac{\boxed{}}{3}$$

TIP

대분수의 자연수 부분 중 1만을 가져와서 가분수로 나타내는 것은 대분수의 뺄셈을 하기 위한 과정입니다. 한 분수의 분자 값이 작아서 다른 분수를 뺄 수 없을 때 자연수 부분 중 1을 빌려오는 것을 연습하는 것입니다.

빈칸에 알맞은 수를 써넣으세요.

$$2\dfrac{3}{4} = \boxed{} + \boxed{}\dfrac{\boxed{}}{4} = \boxed{} + \dfrac{\boxed{}}{4} + \dfrac{\boxed{}}{4} = \boxed{} + \dfrac{\boxed{}}{4} = \boxed{}\dfrac{\boxed{}}{4}$$

$$3\dfrac{2}{5} = \boxed{} + \boxed{}\dfrac{\boxed{}}{5} = \boxed{} + \dfrac{\boxed{}}{5} + \dfrac{\boxed{}}{5} = \boxed{} + \dfrac{\boxed{}}{5} = \boxed{}\dfrac{\boxed{}}{5}$$

$$3\dfrac{5}{6} = \boxed{} + \boxed{}\dfrac{\boxed{}}{6} = \boxed{} + \dfrac{\boxed{}}{6} + \dfrac{\boxed{}}{6} = \boxed{} + \dfrac{\boxed{}}{6} = \boxed{}\dfrac{\boxed{}}{6}$$

 자연수 부분 중 1만을 가져와서 가분수로 나타내세요.

$3\dfrac{1}{3} = \boxed{2\dfrac{4}{3}}$ $5\dfrac{1}{2} = \boxed{}$

$3\dfrac{1}{6} = \boxed{}$ $3\dfrac{1}{4} = \boxed{}$

$2\dfrac{3}{5} = \boxed{}$ $4\dfrac{2}{7} = \boxed{}$

$3\dfrac{3}{4} = \boxed{}$ $3\dfrac{4}{9} = \boxed{}$

$5\dfrac{3}{8} = \boxed{}$ $8\dfrac{3}{4} = \boxed{}$

$4\dfrac{1}{4} = \boxed{}$ $2\dfrac{7}{10} = \boxed{}$

$5\dfrac{3}{5} = \boxed{}$ $6\dfrac{2}{7} = \boxed{}$

자연수 부분 중 1만을 가져와서 가분수로 나타내세요.

$4\dfrac{1}{2} =$

$2\dfrac{4}{5} =$

$7\dfrac{3}{7} =$

$5\dfrac{4}{7} =$

$3\dfrac{1}{2} =$

$2\dfrac{5}{6} =$

$8\dfrac{4}{5} =$

$6\dfrac{1}{3} =$

$5\dfrac{1}{6} =$

$4\dfrac{3}{10} =$

$4\dfrac{5}{8} =$

$3\dfrac{2}{9} =$

$5\dfrac{7}{9} =$

$4\dfrac{1}{11} =$

대분수의 뺄셈 (1)

 다음과 같이 대분수끼리의 **뺄셈**을 하세요.

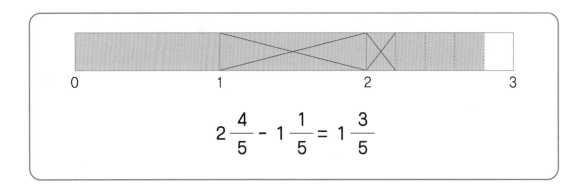

$$2\frac{4}{5} - 1\frac{1}{5} = 1\frac{3}{5}$$

4−2=2

$$5\frac{4}{7} - 2\frac{2}{7} = \boxed{} + \frac{\boxed{}}{7} = \boxed{}\frac{\boxed{}}{7}$$

5−2=3

$$4\frac{5}{6} - 1\frac{3}{6} = \boxed{} + \frac{\boxed{}}{6} = \boxed{}\frac{\boxed{}}{6}$$

$$7\frac{6}{9} - 5\frac{1}{9} = \boxed{} + \frac{\boxed{}}{9} = \boxed{}\frac{\boxed{}}{9}$$

 TIP

자연수는 자연수끼리, 분수는 분수끼리 뺀 후 두 수를 더합니다.

분수의 뺄셈을 하세요.

$4\dfrac{2}{3} - 1\dfrac{1}{3} = \boxed{3\dfrac{1}{3}}$

$4\dfrac{3}{4} - 4\dfrac{2}{4} = \boxed{}$

$5\dfrac{6}{7} - 3\dfrac{2}{7} = \boxed{}$

$5\dfrac{6}{8} - 1\dfrac{1}{8} = \boxed{}$

$2\dfrac{4}{5} - 1\dfrac{3}{5} = \boxed{}$

$8\dfrac{6}{7} - 5\dfrac{3}{7} = \boxed{}$

$4\dfrac{5}{6} - 2\dfrac{1}{6} = \boxed{}$

$3\dfrac{6}{9} - 2\dfrac{4}{9} = \boxed{}$

$5\dfrac{7}{8} - 2\dfrac{3}{8} = \boxed{}$

$7\dfrac{9}{14} - 7\dfrac{6}{14} = \boxed{}$

$6\dfrac{10}{11} - 3\dfrac{6}{11} = \boxed{}$

$5\dfrac{8}{15} - 3\dfrac{7}{15} = \boxed{}$

$7\dfrac{8}{10} - 5\dfrac{5}{10} = \boxed{}$

$6\dfrac{9}{12} - 4\dfrac{4}{12} = \boxed{}$

분수의 뺄셈을 하세요.

$6\dfrac{3}{5} - 5\dfrac{2}{5} = \boxed{1\dfrac{1}{5}}$　　$4\dfrac{5}{6} - 1\dfrac{1}{6} = \boxed{}$

$5\dfrac{7}{9} - 5\dfrac{3}{9} = \boxed{}$　　$7\dfrac{5}{7} - 3\dfrac{2}{7} = \boxed{}$

$3\dfrac{6}{8} - 1\dfrac{3}{8} = \boxed{}$　　$5\dfrac{5}{6} - 4\dfrac{2}{6} = \boxed{}$

$8\dfrac{4}{7} - 7\dfrac{2}{7} = \boxed{}$　　$9\dfrac{9}{11} - 3\dfrac{7}{11} = \boxed{}$

$7\dfrac{8}{10} - 6\dfrac{4}{10} = \boxed{}$　　$8\dfrac{8}{13} - 8\dfrac{6}{13} = \boxed{}$

$5\dfrac{9}{16} - 1\dfrac{6}{16} = \boxed{}$　　$8\dfrac{9}{12} - 1\dfrac{4}{12} = \boxed{}$

$7\dfrac{13}{17} - 4\dfrac{9}{17} = \boxed{}$　　$6\dfrac{14}{16} - 3\dfrac{11}{16} = \boxed{}$

대분수의 뺄셈 (2)

 다음과 같이 대분수끼리의 뺄셈을 하세요.

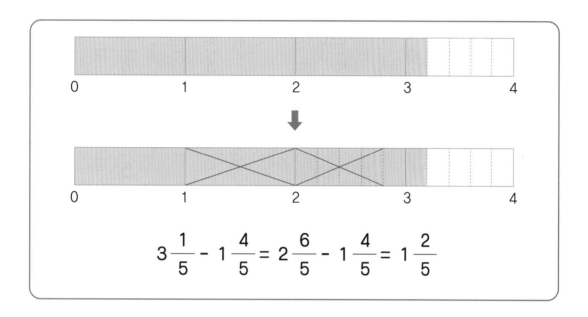

$$3\frac{1}{5} - 1\frac{4}{5} = 2\frac{6}{5} - 1\frac{4}{5} = 1\frac{2}{5}$$

6−3=3

$$4\frac{2}{4} - 2\frac{3}{4} = \boxed{}\frac{\boxed{}}{4} - 2\frac{3}{4} = \boxed{} + \frac{\boxed{}}{4} = \boxed{}\frac{\boxed{}}{4}$$

3−2=1

$$5\frac{1}{6} - 1\frac{5}{6} = \boxed{}\frac{\boxed{}}{6} - 1\frac{5}{6} = \boxed{} + \frac{\boxed{}}{6} = \boxed{}\frac{\boxed{}}{6}$$

TIP

위와 같이 대분수의 뺄셈에서는 분수끼리 뺄 수 없는 경우가 있습니다. 이때는 분수의 자연수 부분에서 1을 받아내림하여 가분수로 바꾼 후에 빼야 합니다.

 분수의 뺄셈을 하세요.

$3\dfrac{1}{5} - 1\dfrac{4}{5} = \boxed{1\dfrac{2}{5}}$

$2\dfrac{2}{4} - 1\dfrac{3}{4} = \boxed{}$

$2\dfrac{1}{3} - 1\dfrac{2}{3} = \boxed{}$

$3\dfrac{3}{5} - 1\dfrac{4}{5} = \boxed{}$

$4\dfrac{2}{7} - 1\dfrac{6}{7} = \boxed{}$

$5\dfrac{1}{6} - 2\dfrac{4}{6} = \boxed{}$

$4\dfrac{3}{6} - 3\dfrac{4}{6} = \boxed{}$

$5\dfrac{4}{8} - 1\dfrac{5}{8} = \boxed{}$

$7\dfrac{1}{7} - 3\dfrac{5}{7} = \boxed{}$

$6\dfrac{2}{10} - 2\dfrac{9}{10} = \boxed{}$

$5\dfrac{4}{8} - 3\dfrac{7}{8} = \boxed{}$

$5\dfrac{7}{12} - 2\dfrac{9}{12} = \boxed{}$

$7\dfrac{2}{11} - 2\dfrac{10}{11} = \boxed{}$

$3\dfrac{5}{14} - 1\dfrac{11}{14} = \boxed{}$

월

일

 분수의 뺄셈을 하세요.

$4\dfrac{1}{3} - 2\dfrac{2}{3} =$

$5\dfrac{2}{4} - 1\dfrac{3}{4} =$

$5\dfrac{4}{6} - 4\dfrac{5}{6} =$

$3\dfrac{2}{5} - 1\dfrac{4}{5} =$

$7\dfrac{5}{8} - 2\dfrac{7}{8} =$

$5\dfrac{2}{7} - 3\dfrac{6}{7} =$

$8\dfrac{3}{7} - 4\dfrac{5}{7} =$

$7\dfrac{1}{6} - 2\dfrac{5}{6} =$

$7\dfrac{2}{10} - 4\dfrac{5}{10} =$

$4\dfrac{1}{11} - 2\dfrac{8}{11} =$

$3\dfrac{4}{15} - 1\dfrac{10}{15} =$

$5\dfrac{3}{12} - 2\dfrac{10}{12} =$

$3\dfrac{11}{13} - 1\dfrac{12}{13} =$

$4\dfrac{10}{15} - 2\dfrac{14}{15} =$

대분수의 뺄셈 (3)

 다음과 같이 대분수끼리의 뺄셈을 하세요.

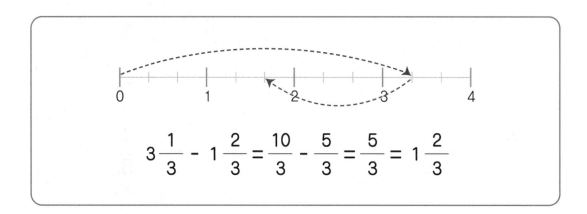

$$3\frac{1}{3} - 1\frac{2}{3} = \frac{10}{3} - \frac{5}{3} = \frac{5}{3} = 1\frac{2}{3}$$

$$4\frac{1}{6} - 3\frac{5}{6} = \frac{}{6} - \frac{}{6} = \frac{}{6}$$

$$5\frac{2}{5} - 2\frac{3}{5} = \frac{}{5} - \frac{}{5} = \frac{}{5} = \square\frac{}{5}$$

$$6\frac{1}{4} - 1\frac{3}{4} = \frac{}{4} - \frac{}{4} = \frac{}{4} = \square\frac{}{4}$$

 TIP

대분수를 가분수로 바꾸어 분자끼리 빼고, 계산 결과가 가분수이면 대분수로 나타냅니다.

분수의 뺄셈을 하세요.

$5\dfrac{1}{4} - 1\dfrac{2}{4} = \boxed{3\dfrac{3}{4}}$

$3\dfrac{1}{4} - 2\dfrac{3}{4} = \boxed{}$

$4\dfrac{1}{3} - 2\dfrac{2}{3} = \boxed{}$

$3\dfrac{2}{5} - 1\dfrac{4}{5} = \boxed{}$

$6\dfrac{1}{3} - 4\dfrac{2}{3} = \boxed{}$

$5\dfrac{3}{7} - 3\dfrac{5}{7} = \boxed{}$

$4\dfrac{1}{5} - 3\dfrac{4}{5} = \boxed{}$

$4\dfrac{1}{8} - 2\dfrac{3}{8} = \boxed{}$

$6\dfrac{1}{6} - 3\dfrac{5}{6} = \boxed{}$

$3\dfrac{2}{7} - 2\dfrac{5}{7} = \boxed{}$

$5\dfrac{4}{9} - 1\dfrac{7}{9} = \boxed{}$

$6\dfrac{2}{10} - 3\dfrac{8}{10} = \boxed{}$

$3\dfrac{3}{11} - 1\dfrac{4}{11} = \boxed{}$

$2\dfrac{2}{13} - 1\dfrac{8}{13} = \boxed{}$

 분수의 뺄셈을 하세요.

$5\dfrac{1}{5} - 2\dfrac{4}{5} = \boxed{2\dfrac{2}{5}}$ $\qquad$ $4\dfrac{2}{6} - 1\dfrac{5}{6} = \boxed{}$

$5\dfrac{1}{5} - 4\dfrac{4}{5} = \boxed{}$ $\qquad$ $6\dfrac{3}{7} - 3\dfrac{6}{7} = \boxed{}$

$4\dfrac{1}{8} - 2\dfrac{7}{8} = \boxed{}$ $\qquad$ $3\dfrac{2}{5} - 2\dfrac{4}{5} = \boxed{}$

$3\dfrac{2}{7} - 2\dfrac{4}{7} = \boxed{}$ $\qquad$ $6\dfrac{2}{4} - 5\dfrac{3}{4} = \boxed{}$

$3\dfrac{3}{9} - 2\dfrac{5}{9} = \boxed{}$ $\qquad$ $7\dfrac{4}{7} - 1\dfrac{5}{7} = \boxed{}$

$5\dfrac{3}{11} - 3\dfrac{9}{11} = \boxed{}$ $\qquad$ $3\dfrac{2}{12} - 2\dfrac{7}{12} = \boxed{}$

$4\dfrac{1}{13} - 1\dfrac{10}{13} = \boxed{}$ $\qquad$ $5\dfrac{4}{15} - 2\dfrac{11}{15} = \boxed{}$

문장제

 다음을 읽고 알맞은 식을 쓰고, 답을 구하세요.

길이가 $\frac{7}{8}$m인 색 테이프 중 $\frac{2}{8}$m를 사용하였습니다. 남은 색 테이프의 길이는 몇 m 일까요?

식 : $\frac{7}{8} - \frac{2}{8} = \frac{5}{8}$

 m

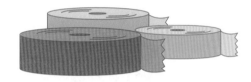

지아네 꽃밭의 $\frac{6}{7}$은 코스모스가 심어져 있고, $\frac{1}{7}$은 해바라기가 심어져 있습니다. 코스모스는 해바라기보다 전체의 얼마만큼 더 심어져 있을까요?

식 :

 다음을 읽고 알맞은 식을 쓰고, 답을 구하세요.

물통에 $8\frac{7}{9}$L의 물이 있습니다. 이 중 $4\frac{3}{9}$L를 먹었다면 물통에 남아 있는 물의 양은 몇 L일까요?

식 :

 L

아래 사각형의 가로와 세로의 길이의 차는 몇 cm일까요?

식 :

 cm

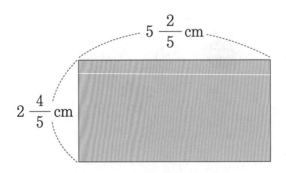

다음을 읽고 알맞은 식을 쓰고, 답을 구하세요.

파란색 테이프의 길이는 $\frac{4}{9}$m이고, 빨간색 테이프의 길이는 $\frac{6}{9}$m입니다. 빨간색 테이프는 파란색 테이프보다 얼마나 더 길까요?

식 :

 m

재현이는 $\frac{9}{10}$L가 들어 있는 주스 중에서 $\frac{6}{10}$L만큼을 마셨습니다. 남은 주스는 몇 L일까요?

식 :

 L

밭에 배추가 심어져 있습니다. 그 중 지원이가 $5\frac{2}{5}$만큼, 서우가 $6\frac{3}{5}$만큼 배추를 뽑았습니다. 서우는 지원이보다 배추를 얼마만큼 더 뽑았을까요?

식 :

 다음을 읽고 알맞은 식을 쓰고, 답을 구하세요.

상희는 $4\frac{3}{8}$ L의 페인트가 들어 있는 페인트 통에서 $1\frac{2}{8}$ L만큼을 벽을 칠하는데 사용했습니다. 남은 페인트는 몇 L일까요?

식 :

 L

현아의 가방 무게는 $7\frac{1}{6}$ kg이고, 은서의 가방 무게는 $3\frac{5}{6}$ kg입니다. 현아의 가방이 은서의 가방보다 몇 kg 더 무거울까요?

식 :

 kg

길이가 $3\frac{5}{7}$ m인 끈이 있습니다. 이 중 $1\frac{6}{7}$ m를 사용하였다면, 남아 있는 끈의 길이는 몇 m일까요?

식 :

 m

보충학습

Drill

분수의 덧셈을 하고, 계산 결과가 가분수이면 대분수로 나타내세요.

$\dfrac{3}{5} + \dfrac{1}{5} =$

$\dfrac{2}{9} + \dfrac{7}{9} =$

$\dfrac{3}{7} + \dfrac{3}{7} =$

$\dfrac{2}{4} + \dfrac{3}{4} =$

$\dfrac{5}{6} + \dfrac{5}{6} =$

$\dfrac{6}{10} + \dfrac{3}{10} =$

$\dfrac{5}{8} + \dfrac{3}{8} =$

$\dfrac{4}{7} + \dfrac{1}{7} =$

$\dfrac{3}{6} + \dfrac{2}{6} =$

$\dfrac{7}{11} + \dfrac{7}{11} =$

$\dfrac{6}{13} + \dfrac{9}{13} =$

$\dfrac{2}{9} + \dfrac{2}{9} =$

$\dfrac{7}{15} + \dfrac{7}{15} =$

$\dfrac{15}{22} + \dfrac{6}{22} =$

분수의 덧셈을 하고, 계산 결과가 가분수이면 대분수로 나타내세요.

$\dfrac{3}{4} + \dfrac{3}{4} =$

$\dfrac{4}{7} + \dfrac{5}{7} =$

$\dfrac{5}{6} + \dfrac{3}{6} =$

$\dfrac{1}{8} + \dfrac{5}{8} =$

$\dfrac{7}{11} + \dfrac{7}{11} =$

$\dfrac{9}{12} + \dfrac{8}{12} =$

$\dfrac{4}{9} + \dfrac{4}{9} =$

$\dfrac{3}{7} + \dfrac{4}{7} =$

$\dfrac{7}{9} + \dfrac{6}{9} =$

$\dfrac{11}{14} + \dfrac{10}{14} =$

$\dfrac{1}{18} + \dfrac{12}{18} =$

$\dfrac{16}{21} + \dfrac{3}{21} =$

$\dfrac{9}{20} + \dfrac{14}{20} =$

$\dfrac{15}{25} + \dfrac{9}{25} =$

분수의 덧셈을 하고, 계산 결과가 가분수이면 대분수로 나타내세요.

$\dfrac{2}{8} + \dfrac{5}{8} = $ ☐

$\dfrac{5}{6} + \dfrac{4}{6} = $ ☐

$\dfrac{5}{10} + \dfrac{3}{10} = $ ☐

$\dfrac{5}{9} + \dfrac{5}{9} = $ ☐

$\dfrac{10}{14} + \dfrac{9}{14} = $ ☐

$\dfrac{7}{8} + \dfrac{3}{8} = $ ☐

$\dfrac{8}{13} + \dfrac{9}{13} = $ ☐

$\dfrac{11}{16} + \dfrac{5}{16} = $ ☐

$\dfrac{6}{15} + \dfrac{7}{15} = $ ☐

$\dfrac{8}{11} + \dfrac{7}{11} = $ ☐

$\dfrac{13}{14} + \dfrac{2}{14} = $ ☐

$\dfrac{13}{22} + \dfrac{4}{22} = $ ☐

$\dfrac{9}{23} + \dfrac{19}{23} = $ ☐

$\dfrac{12}{17} + \dfrac{13}{17} = $ ☐

분수의 덧셈을 하고, 계산 결과가 가분수이면 대분수로 나타내세요.

$\dfrac{2}{5} + \dfrac{2}{5} =$ ☐

$\dfrac{5}{6} + \dfrac{2}{6} =$ ☐

$\dfrac{6}{8} + \dfrac{3}{8} =$ ☐

$\dfrac{2}{7} + \dfrac{2}{7} =$ ☐

$\dfrac{7}{16} + \dfrac{6}{16} =$ ☐

$\dfrac{5}{14} + \dfrac{8}{14} =$ ☐

$\dfrac{4}{11} + \dfrac{5}{11} =$ ☐

$\dfrac{2}{13} + \dfrac{7}{13} =$ ☐

$\dfrac{13}{21} + \dfrac{6}{21} =$ ☐

$\dfrac{13}{17} + \dfrac{8}{17} =$ ☐

$\dfrac{11}{27} + \dfrac{9}{27} =$ ☐

$\dfrac{5}{31} + \dfrac{18}{31} =$ ☐

$\dfrac{15}{30} + \dfrac{18}{30} =$ ☐

$\dfrac{23}{34} + \dfrac{8}{34} =$ ☐

분모가 같은 대분수의 덧셈

분수의 덧셈을 하세요.

$1\dfrac{1}{3} + 2\dfrac{2}{3} =$ ☐　　　$2\dfrac{1}{5} + 2\dfrac{2}{5} =$ ☐

$2\dfrac{4}{7} + 3\dfrac{3}{7} =$ ☐　　　$1\dfrac{3}{6} + 4\dfrac{5}{6} =$ ☐

$3\dfrac{2}{9} + 3\dfrac{4}{9} =$ ☐　　　$1\dfrac{4}{8} + 5\dfrac{6}{8} =$ ☐

$3\dfrac{5}{10} + 2\dfrac{7}{10} =$ ☐　　　$2\dfrac{10}{13} + 2\dfrac{4}{13} =$ ☐

$4\dfrac{6}{12} + 2\dfrac{7}{12} =$ ☐　　　$2\dfrac{7}{10} + 2\dfrac{7}{10} =$ ☐

$1\dfrac{9}{11} + 4\dfrac{3}{11} =$ ☐　　　$2\dfrac{6}{10} + 1\dfrac{3}{10} =$ ☐

$3\dfrac{5}{12} + 1\dfrac{11}{12} =$ ☐　　　$1\dfrac{8}{15} + 2\dfrac{11}{15} =$ ☐

분수의 덧셈을 하세요.

$1\dfrac{1}{4} + 5\dfrac{3}{4} =$ ☐ $1\dfrac{3}{8} + 6\dfrac{2}{8} =$ ☐

$5\dfrac{4}{7} + 3\dfrac{3}{7} =$ ☐ $1\dfrac{7}{9} + 3\dfrac{6}{9} =$ ☐

$2\dfrac{5}{6} + 4\dfrac{1}{6} =$ ☐ $2\dfrac{7}{9} + 5\dfrac{3}{9} =$ ☐

$2\dfrac{3}{11} + 1\dfrac{3}{11} =$ ☐ $2\dfrac{4}{7} + 2\dfrac{3}{7} =$ ☐

$3\dfrac{7}{10} + 3\dfrac{5}{10} =$ ☐ $1\dfrac{8}{11} + 1\dfrac{8}{11} =$ ☐

$1\dfrac{4}{14} + 1\dfrac{13}{14} =$ ☐ $2\dfrac{7}{15} + 1\dfrac{7}{15} =$ ☐

$3\dfrac{4}{12} + 2\dfrac{1}{12} =$ ☐ $1\dfrac{7}{16} + 1\dfrac{6}{16} =$ ☐

분수의 덧셈을 하세요.

$1\dfrac{2}{5} + 2\dfrac{4}{5} =$ ☐

$2\dfrac{5}{9} + 2\dfrac{6}{9} =$ ☐

$1\dfrac{3}{8} + 1\dfrac{3}{8} =$ ☐

$2\dfrac{5}{7} + 5\dfrac{4}{7} =$ ☐

$3\dfrac{4}{9} + 3\dfrac{7}{9} =$ ☐

$2\dfrac{5}{6} + 4\dfrac{2}{6} =$ ☐

$6\dfrac{3}{8} + 1\dfrac{5}{8} =$ ☐

$5\dfrac{4}{7} + 2\dfrac{2}{7} =$ ☐

$1\dfrac{10}{15} + 1\dfrac{9}{15} =$ ☐

$2\dfrac{4}{11} + 1\dfrac{8}{11} =$ ☐

$2\dfrac{3}{10} + 2\dfrac{8}{10} =$ ☐

$1\dfrac{5}{13} + 2\dfrac{6}{13} =$ ☐

$3\dfrac{11}{14} + 2\dfrac{6}{14} =$ ☐

$1\dfrac{9}{17} + 1\dfrac{10}{17} =$ ☐

분수의 덧셈을 하세요.

$1 \dfrac{6}{8} + 5 \dfrac{5}{8} =$ ☐ $2 \dfrac{3}{5} + 3 \dfrac{4}{5} =$ ☐

$2 \dfrac{5}{6} + 2 \dfrac{5}{6} =$ ☐ $2 \dfrac{3}{4} + 6 \dfrac{2}{4} =$ ☐

$5 \dfrac{3}{7} + 4 \dfrac{5}{7} =$ ☐ $1 \dfrac{8}{9} + 3 \dfrac{8}{9} =$ ☐

$4 \dfrac{3}{8} + 2 \dfrac{7}{8} =$ ☐ $3 \dfrac{5}{6} + 4 \dfrac{4}{6} =$ ☐

$2 \dfrac{7}{15} + 3 \dfrac{8}{15} =$ ☐ $1 \dfrac{8}{21} + 2 \dfrac{8}{21} =$ ☐

$1 \dfrac{8}{13} + 2 \dfrac{11}{13} =$ ☐ $2 \dfrac{9}{11} + 4 \dfrac{7}{11} =$ ☐

$2 \dfrac{14}{22} + 1 \dfrac{11}{22} =$ ☐ $2 \dfrac{12}{24} + 2 \dfrac{9}{24} =$ ☐

분수의 뺄셈을 하세요.

$\dfrac{5}{6} - \dfrac{4}{6} =$

$\dfrac{5}{7} - \dfrac{2}{7} =$

$\dfrac{8}{9} - \dfrac{7}{9} =$

$\dfrac{7}{8} - \dfrac{3}{8} =$

$\dfrac{9}{10} - \dfrac{6}{10} =$

$\dfrac{7}{9} - \dfrac{6}{9} =$

$\dfrac{9}{11} - \dfrac{4}{11} =$

$\dfrac{13}{15} - \dfrac{7}{15} =$

$\dfrac{12}{14} - \dfrac{6}{14} =$

$\dfrac{15}{16} - \dfrac{8}{16} =$

$\dfrac{12}{17} - \dfrac{9}{17} =$

$\dfrac{20}{22} - \dfrac{9}{22} =$

$\dfrac{18}{21} - \dfrac{13}{21} =$

$\dfrac{17}{19} - \dfrac{8}{19} =$

분수의 뺄셈을 하세요.

$\dfrac{6}{7} - \dfrac{4}{7} =$

$\dfrac{4}{5} - \dfrac{1}{5} =$

$\dfrac{7}{9} - \dfrac{3}{9} =$

$\dfrac{6}{8} - \dfrac{3}{8} =$

$\dfrac{9}{10} - \dfrac{7}{10} =$

$\dfrac{11}{15} - \dfrac{7}{15} =$

$\dfrac{13}{14} - \dfrac{8}{14} =$

$\dfrac{15}{17} - \dfrac{9}{17} =$

$\dfrac{8}{11} - \dfrac{4}{11} =$

$\dfrac{13}{16} - \dfrac{7}{16} =$

$\dfrac{15}{21} - \dfrac{6}{21} =$

$\dfrac{19}{23} - \dfrac{4}{23} =$

$\dfrac{22}{25} - \dfrac{6}{25} =$

$\dfrac{17}{20} - \dfrac{9}{20} =$

분수의 뺄셈을 하세요.

$$\frac{2}{4} - \frac{1}{4} = \boxed{}$$

$$\frac{4}{5} - \frac{3}{5} = \boxed{}$$

$$\frac{3}{7} - \frac{2}{7} = \boxed{}$$

$$\frac{9}{10} - \frac{2}{10} = \boxed{}$$

$$\frac{5}{6} - \frac{1}{6} = \boxed{}$$

$$\frac{11}{12} - \frac{6}{12} = \boxed{}$$

$$\frac{12}{15} - \frac{6}{15} = \boxed{}$$

$$\frac{15}{17} - \frac{3}{17} = \boxed{}$$

$$\frac{20}{21} - \frac{12}{21} = \boxed{}$$

$$\frac{13}{24} - \frac{6}{24} = \boxed{}$$

$$\frac{14}{19} - \frac{9}{19} = \boxed{}$$

$$\frac{15}{16} - \frac{6}{16} = \boxed{}$$

$$\frac{16}{18} - \frac{5}{18} = \boxed{}$$

$$\frac{23}{28} - \frac{20}{28} = \boxed{}$$

분수의 뺄셈을 하세요.

$$\frac{7}{8} - \frac{1}{8} =$$

$$\frac{6}{7} - \frac{4}{7} =$$

$$\frac{4}{5} - \frac{2}{5} =$$

$$\frac{7}{9} - \frac{2}{9} =$$

$$\frac{6}{9} - \frac{1}{9} =$$

$$\frac{11}{13} - \frac{6}{13} =$$

$$\frac{11}{14} - \frac{8}{14} =$$

$$\frac{12}{16} - \frac{7}{16} =$$

$$\frac{13}{15} - \frac{9}{15} =$$

$$\frac{21}{24} - \frac{12}{24} =$$

$$\frac{15}{20} - \frac{12}{20} =$$

$$\frac{23}{26} - \frac{18}{26} =$$

$$\frac{19}{25} - \frac{15}{25} =$$

$$\frac{21}{32} - \frac{17}{32} =$$

분수의 뺄셈을 하세요.

$3\dfrac{2}{3} - 1\dfrac{1}{3} =$ ☐

$6\dfrac{4}{5} - 3\dfrac{1}{5} =$ ☐

$5\dfrac{1}{8} - 1\dfrac{5}{8} =$ ☐

$3\dfrac{6}{7} - 1\dfrac{2}{7} =$ ☐

$2\dfrac{2}{5} - 1\dfrac{3}{5} =$ ☐

$5\dfrac{1}{4} - 4\dfrac{2}{4} =$ ☐

$4\dfrac{2}{6} - 2\dfrac{5}{6} =$ ☐

$3\dfrac{7}{9} - 2\dfrac{4}{9} =$ ☐

$3\dfrac{4}{7} - 2\dfrac{5}{7} =$ ☐

$4\dfrac{2}{9} - 1\dfrac{8}{9} =$ ☐

$6\dfrac{1}{10} - 1\dfrac{6}{10} =$ ☐

$5\dfrac{3}{5} - 3\dfrac{1}{5} =$ ☐

$4\dfrac{5}{7} - 2\dfrac{2}{7} =$ ☐

$6\dfrac{3}{12} - 3\dfrac{8}{12} =$ ☐

분수의 뺄셈을 하세요.

$4\dfrac{1}{3} - 1\dfrac{2}{3} = \boxed{}$

$2\dfrac{2}{7} - 1\dfrac{4}{7} = \boxed{}$

$5\dfrac{5}{8} - 2\dfrac{2}{8} = \boxed{}$

$4\dfrac{3}{5} - 2\dfrac{4}{5} = \boxed{}$

$4\dfrac{1}{6} - 1\dfrac{5}{6} = \boxed{}$

$7\dfrac{2}{4} - 1\dfrac{3}{4} = \boxed{}$

$5\dfrac{1}{9} - 4\dfrac{5}{9} = \boxed{}$

$6\dfrac{5}{7} - 5\dfrac{2}{7} = \boxed{}$

$7\dfrac{4}{5} - 3\dfrac{1}{5} = \boxed{}$

$3\dfrac{2}{9} - 2\dfrac{8}{9} = \boxed{}$

$4\dfrac{3}{8} - 3\dfrac{7}{8} = \boxed{}$

$8\dfrac{2}{7} - 2\dfrac{4}{7} = \boxed{}$

$6\dfrac{9}{11} - 3\dfrac{8}{11} = \boxed{}$

$3\dfrac{7}{13} - 1\dfrac{11}{13} = \boxed{}$

분수의 뺄셈을 하세요.

$3\dfrac{2}{4} - 2\dfrac{3}{4} =$

$5\dfrac{2}{7} - 1\dfrac{6}{7} =$

$4\dfrac{5}{6} - 2\dfrac{4}{6} =$

$7\dfrac{1}{3} - 4\dfrac{2}{3} =$

$7\dfrac{1}{5} - 1\dfrac{3}{5} =$

$4\dfrac{2}{5} - 3\dfrac{4}{5} =$

$6\dfrac{3}{4} - 3\dfrac{1}{4} =$

$6\dfrac{7}{8} - 3\dfrac{3}{8} =$

$4\dfrac{5}{7} - 3\dfrac{6}{7} =$

$6\dfrac{4}{9} - 4\dfrac{6}{9} =$

$5\dfrac{1}{9} - 3\dfrac{8}{9} =$

$3\dfrac{1}{6} - 2\dfrac{5}{6} =$

$6\dfrac{2}{11} - 4\dfrac{7}{11} =$

$3\dfrac{3}{15} - 1\dfrac{9}{15} =$

분수의 뺄셈을 하세요.

$5 \dfrac{1}{9} - 2 \dfrac{4}{9} = $ ☐

$3 \dfrac{1}{5} - 2 \dfrac{4}{5} = $ ☐

$6 \dfrac{3}{7} - 3 \dfrac{5}{7} = $ ☐

$5 \dfrac{2}{4} - 4 \dfrac{3}{4} = $ ☐

$7 \dfrac{3}{8} - 1 \dfrac{7}{8} = $ ☐

$4 \dfrac{1}{6} - 2 \dfrac{5}{6} = $ ☐

$9 \dfrac{1}{5} - 1 \dfrac{4}{5} = $ ☐

$8 \dfrac{4}{10} - 3 \dfrac{7}{10} = $ ☐

$4 \dfrac{8}{9} - 3 \dfrac{3}{9} = $ ☐

$4 \dfrac{3}{8} - 3 \dfrac{5}{8} = $ ☐

$5 \dfrac{2}{5} - 4 \dfrac{4}{5} = $ ☐

$3 \dfrac{11}{13} - 1 \dfrac{6}{13} = $ ☐

$4 \dfrac{13}{15} - 2 \dfrac{9}{15} = $ ☐

$5 \dfrac{7}{20} - 1 \dfrac{13}{20} = $ ☐

소마의 마술같은 원리셈

정답

1일차 가분수를 대분수로 나타내기 (1)

P 10 ~ 11

다음과 같이 가분수를 대분수로 나타내는 방법을 알아보고, 빈칸에 알맞은 수를 써 넣으세요.

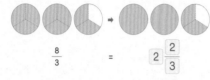

$$\frac{9}{4} = 2\frac{1}{4}$$

$$\frac{9}{4} \Rightarrow 9 \div 4 = 2 \cdots 1 \Rightarrow 2\frac{1}{4}$$

$$\frac{8}{3} = 2\boxed{\frac{2}{3}}$$

$$\frac{8}{3} \Rightarrow 8 \div 3 = \boxed{2} \cdots \boxed{2} \Rightarrow 2\boxed{\frac{2}{3}}$$

TIP
가분수를 대분수로 나타낼 때, 분자를 분모로 나눈 후 몫은 분수의 자연수 부분에, 나머지는 분자에 씁니다.

10 소마셈 – D1

빈칸에 알맞은 수를 써넣으세요.

$$\frac{3}{2} \Rightarrow 3 \div 2 = \boxed{1} \cdots \boxed{1} \Rightarrow \boxed{1}\frac{1}{2}$$

$$\frac{11}{6} \Rightarrow 11 \div 6 = \boxed{1} \cdots \boxed{5} \Rightarrow \boxed{1}\frac{5}{6}$$

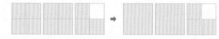

$$\frac{11}{4} \Rightarrow 11 \div 4 = \boxed{2} \cdots \boxed{3} \Rightarrow \boxed{2}\frac{3}{4}$$

1주 – 분모가 같은 진분수의 덧셈 **11**

P 12 ~ 13

가분수를 대분수 또는 자연수로 나타내세요.

$$\frac{5}{3} = 1\frac{2}{3}$$

$$\frac{7}{4} = 1\frac{3}{4}$$

$$\frac{9}{8} = 1\frac{1}{8}$$

$$\frac{14}{3} = 4\frac{2}{3}$$

$$\frac{22}{5} = 4\frac{2}{5}$$

$$\frac{11}{8} = 1\frac{3}{8}$$

$$\frac{16}{2} = 8$$

$$\frac{21}{21} = 1$$

$$\frac{19}{12} = 1\frac{7}{12}$$

$$\frac{28}{4} = 7$$

$$\frac{60}{5} = 12$$

$$\frac{19}{10} = 1\frac{9}{10}$$

$$\frac{35}{4} = 8\frac{3}{4}$$

$$\frac{30}{7} = 4\frac{2}{7}$$

12 소마셈 – D1

가분수를 대분수 또는 자연수로 나타내세요.

$$\frac{8}{2} = 4$$

$$\frac{9}{9} = 1$$

$$\frac{28}{3} = 9\frac{1}{3}$$

$$\frac{21}{7} = 3$$

$$\frac{15}{13} = 1\frac{2}{13}$$

$$\frac{17}{6} = 2\frac{5}{6}$$

$$\frac{14}{11} = 1\frac{3}{11}$$

$$\frac{32}{10} = 3\frac{2}{10}$$

$$\frac{18}{5} = 3\frac{3}{5}$$

$$\frac{24}{3} = 8$$

$$\frac{36}{12} = 3$$

$$\frac{33}{4} = 8\frac{1}{4}$$

$$\frac{24}{5} = 4\frac{4}{5}$$

$$\frac{16}{13} = 1\frac{3}{13}$$

1주 – 분모가 같은 진분수의 덧셈 **13**

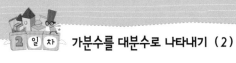

2 일차 가분수를 대분수로 나타내기 (2)

🌱 가분수를 대분수 또는 자연수로 나타내세요.

$\dfrac{19}{6} = 3\dfrac{1}{6}$ $\dfrac{20}{9} = 2\dfrac{2}{9}$

$\dfrac{18}{18} = 1$ $\dfrac{13}{2} = 6\dfrac{1}{2}$

$\dfrac{37}{6} = 6\dfrac{1}{6}$ $\dfrac{50}{7} = 7\dfrac{1}{7}$

$\dfrac{56}{7} = 8$ $\dfrac{35}{4} = 8\dfrac{3}{4}$

$\dfrac{20}{6} = 3\dfrac{2}{6}$ $\dfrac{37}{5} = 7\dfrac{2}{5}$

$\dfrac{32}{15} = 2\dfrac{2}{15}$ $\dfrac{34}{8} = 4\dfrac{2}{8}$

$\dfrac{16}{5} = 3\dfrac{1}{5}$ $\dfrac{47}{10} = 4\dfrac{7}{10}$

14 소마셈 – D1

🌱 가분수를 대분수 또는 자연수로 나타내세요.

$\dfrac{8}{5} = 1\dfrac{3}{5}$ $\dfrac{31}{10} = 3\dfrac{1}{10}$

$\dfrac{30}{4} = 7\dfrac{2}{4}$ $\dfrac{26}{3} = 8\dfrac{2}{3}$

$\dfrac{23}{18} = 1\dfrac{5}{18}$ $\dfrac{41}{6} = 6\dfrac{5}{6}$

$\dfrac{42}{5} = 8\dfrac{2}{5}$ $\dfrac{49}{7} = 7$

$\dfrac{45}{8} = 5\dfrac{5}{8}$ $\dfrac{82}{13} = 6\dfrac{4}{13}$

$\dfrac{53}{17} = 3\dfrac{2}{17}$ $\dfrac{40}{9} = 4\dfrac{4}{9}$

$\dfrac{81}{9} = 9$ $\dfrac{37}{4} = 9\dfrac{1}{4}$

---

3 일차 진분수의 덧셈 (1)

🌱 다음과 같이 진분수끼리의 덧셈을 하세요.

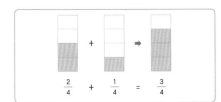

$$\dfrac{2}{4} + \dfrac{1}{4} = \dfrac{3}{4}$$

$\dfrac{3}{5} + \dfrac{1}{5} = \dfrac{3+1}{5} = \dfrac{4}{5}$ $\dfrac{1}{3} + \dfrac{1}{3} = \dfrac{1+1}{3} = \dfrac{2}{3}$

$\dfrac{2}{6} + \dfrac{3}{6} = \dfrac{2+3}{6} = \dfrac{5}{6}$ $\dfrac{4}{7} + \dfrac{2}{7} = \dfrac{4+2}{7} = \dfrac{6}{7}$

$\dfrac{5}{10} + \dfrac{4}{10} = \dfrac{5+4}{10} = \dfrac{9}{10}$ $\dfrac{2}{14} + \dfrac{7}{14} = \dfrac{2+7}{14} = \dfrac{9}{14}$

 TIP
분모가 같은 진분수끼리의 덧셈은 분모는 그대로 쓰고, 분자끼리 더합니다.

16 소마셈 – D1

🌱 분수의 덧셈을 하세요.

$\dfrac{2}{8} + \dfrac{1}{8} = \dfrac{3}{8}$ $\dfrac{1}{7} + \dfrac{4}{7} = \dfrac{5}{7}$

$\dfrac{5}{12} + \dfrac{6}{12} = \dfrac{11}{12}$ $\dfrac{1}{4} + \dfrac{2}{4} = \dfrac{3}{4}$

$\dfrac{3}{9} + \dfrac{3}{9} = \dfrac{6}{9}$ $\dfrac{4}{10} + \dfrac{3}{10} = \dfrac{7}{10}$

$\dfrac{8}{23} + \dfrac{12}{23} = \dfrac{20}{23}$ $\dfrac{4}{19} + \dfrac{13}{19} = \dfrac{17}{19}$

$\dfrac{3}{15} + \dfrac{8}{15} = \dfrac{11}{15}$ $\dfrac{2}{17} + \dfrac{9}{17} = \dfrac{11}{17}$

$\dfrac{4}{13} + \dfrac{9}{13} = 1$ $\dfrac{7}{11} + \dfrac{3}{11} = \dfrac{10}{11}$

$\dfrac{7}{17} + \dfrac{7}{17} = \dfrac{14}{17}$ $\dfrac{13}{26} + \dfrac{8}{26} = \dfrac{21}{26}$

P 18 ~ 19

분수의 덧셈을 하세요.

$\dfrac{5}{14} + \dfrac{4}{14} = \dfrac{9}{14}$

$\dfrac{4}{9} + \dfrac{3}{9} = \dfrac{7}{9}$

$\dfrac{9}{20} + \dfrac{6}{20} = \dfrac{15}{20}$

$\dfrac{5}{8} + \dfrac{1}{8} = \dfrac{6}{8}$

$\dfrac{9}{16} + \dfrac{4}{16} = \dfrac{13}{16}$

$\dfrac{2}{12} + \dfrac{6}{12} = \dfrac{8}{12}$

$\dfrac{8}{19} + \dfrac{7}{19} = \dfrac{15}{19}$

$\dfrac{4}{7} + \dfrac{2}{7} = \dfrac{6}{7}$

$\dfrac{4}{21} + \dfrac{8}{21} = \dfrac{12}{21}$

$\dfrac{11}{17} + \dfrac{4}{17} = \dfrac{15}{17}$

$\dfrac{6}{25} + \dfrac{16}{25} = \dfrac{22}{25}$

$\dfrac{3}{21} + \dfrac{17}{21} = \dfrac{20}{21}$

$\dfrac{15}{36} + \dfrac{8}{36} = \dfrac{23}{36}$

$\dfrac{14}{23} + \dfrac{5}{23} = \dfrac{19}{23}$

18 소마셈 – D1

1주

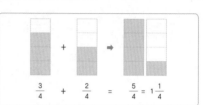

4일차 진분수의 덧셈 (2)

다음과 같이 진분수끼리의 덧셈을 하세요.

$\dfrac{3}{4} + \dfrac{2}{4} = \dfrac{5}{4} = 1\dfrac{1}{4}$

$\dfrac{4}{7} + \dfrac{6}{7} = \dfrac{4+6}{7} = \dfrac{10}{7} = 1\dfrac{3}{7}$

$\dfrac{2}{5} + \dfrac{4}{5} = \dfrac{2+4}{5} = \dfrac{6}{5} = 1\dfrac{1}{5}$

$\dfrac{9}{13} + \dfrac{7}{13} = \dfrac{9+7}{13} = \dfrac{16}{13} = 1\dfrac{3}{13}$

TIP
분모가 같은 진분수끼리의 덧셈은 분모는 그대로 쓰고, 분자끼리 더합니다. 이때, 덧셈의 계산 결과가 가분수이면 대분수로 바꾸어 나타내도록 합니다.

1주 – 분모가 같은 진분수의 덧셈 19

P 20 ~ 21

분수의 덧셈을 하고, 계산 결과가 가분수이면 대분수로 나타내세요.

$\dfrac{3}{4} + \dfrac{4}{4} = 1\dfrac{3}{4}$

$\dfrac{2}{7} + \dfrac{6}{7} = 1\dfrac{1}{7}$

$\dfrac{5}{9} + \dfrac{6}{9} = 1\dfrac{2}{9}$

$\dfrac{4}{8} + \dfrac{4}{8} = 1$

$\dfrac{7}{11} + \dfrac{8}{11} = 1\dfrac{4}{11}$

$\dfrac{9}{10} + \dfrac{4}{10} = 1\dfrac{3}{10}$

$\dfrac{3}{5} + \dfrac{7}{5} = 2$

$\dfrac{5}{12} + \dfrac{8}{12} = 1\dfrac{1}{12}$

$\dfrac{8}{14} + \dfrac{6}{14} = 1$

$\dfrac{7}{9} + \dfrac{7}{9} = 1\dfrac{5}{9}$

$\dfrac{15}{19} + \dfrac{6}{19} = 1\dfrac{2}{19}$

$\dfrac{7}{13} + \dfrac{9}{13} = 1\dfrac{3}{13}$

$\dfrac{11}{24} + \dfrac{18}{24} = 1\dfrac{5}{24}$

$\dfrac{15}{20} + \dfrac{18}{20} = 1\dfrac{13}{20}$

20 소마셈 – D1

1주

분수의 덧셈을 하고, 계산 결과가 가분수이면 대분수로 나타내세요.

$\dfrac{6}{7} + \dfrac{3}{7} = 1\dfrac{2}{7}$

$\dfrac{7}{10} + \dfrac{6}{10} = 1\dfrac{3}{10}$

$\dfrac{4}{9} + \dfrac{8}{9} = 1\dfrac{3}{9}$

$\dfrac{3}{5} + \dfrac{4}{5} = 1\dfrac{2}{5}$

$\dfrac{10}{13} + \dfrac{3}{13} = 1$

$\dfrac{17}{19} + \dfrac{8}{19} = 1\dfrac{6}{19}$

$\dfrac{9}{12} + \dfrac{11}{12} = 1\dfrac{8}{12}$

$\dfrac{11}{16} + \dfrac{12}{16} = 1\dfrac{7}{16}$

$\dfrac{7}{8} + \dfrac{7}{8} = 1\dfrac{6}{8}$

$\dfrac{14}{15} + \dfrac{8}{15} = 1\dfrac{7}{15}$

$\dfrac{17}{22} + \dfrac{5}{22} = 1$

$\dfrac{20}{26} + \dfrac{9}{26} = 1\dfrac{3}{26}$

$\dfrac{15}{19} + \dfrac{5}{19} = 1\dfrac{1}{19}$

$\dfrac{16}{31} + \dfrac{17}{31} = 1\dfrac{2}{31}$

1주 – 분모가 같은 진분수의 덧셈 21

5일차 진분수끼리의 덧셈 퍼즐

🌱 빈 곳에 두 분수의 합을 써넣으세요. 계산 결과가 가분수이면 대분수로 나타내세요.

$\dfrac{5}{4}$ $\dfrac{2}{4}$ $1\dfrac{3}{4}$ $\dfrac{3}{5}$ $\dfrac{4}{5}$ $1\dfrac{2}{5}$

$\dfrac{7}{9}$ $\dfrac{3}{9}$ $1\dfrac{1}{9}$ $\dfrac{5}{8}$ $\dfrac{5}{8}$ $1\dfrac{2}{8}$

$\dfrac{3}{13}$ $\dfrac{5}{13}$ $\dfrac{8}{13}$ $\dfrac{9}{16}$ $\dfrac{6}{16}$ $\dfrac{15}{16}$

$\dfrac{6}{10}$ $\dfrac{3}{10}$ $\dfrac{9}{10}$ $\dfrac{17}{20}$ $\dfrac{11}{20}$ $1\dfrac{8}{20}$

$\dfrac{9}{24}$ $\dfrac{15}{24}$ 1 $\dfrac{8}{17}$ $\dfrac{8}{17}$ $\dfrac{16}{17}$

🌱 빈 곳에 두 분수의 합을 써넣으세요. 계산 결과가 가분수이면 대분수로 나타내세요.

$\dfrac{5}{9}$ $\dfrac{7}{9}$ $\dfrac{3}{11}$ 1 $\dfrac{14}{15}$ $1\dfrac{1}{15}$

$\dfrac{2}{9}$ $\dfrac{8}{11}$ $\dfrac{2}{15}$

$\dfrac{8}{9}$ $1\dfrac{7}{9}$ $\dfrac{4}{13}$ $1\dfrac{2}{13}$ $\dfrac{9}{21}$ $1\dfrac{2}{21}$

$\dfrac{8}{9}$ $\dfrac{11}{13}$ $\dfrac{14}{21}$

$\dfrac{13}{18}$ $1\dfrac{2}{18}$ $\dfrac{8}{25}$ $\dfrac{21}{25}$ $\dfrac{16}{22}$ $1\dfrac{9}{22}$

$\dfrac{7}{18}$ $\dfrac{13}{25}$ $\dfrac{15}{22}$

1일차 대분수를 가분수로 나타내기

🌱 다음과 같이 대분수를 가분수로 나타내는 방법을 알아보고, 빈칸에 알맞은 수를 써넣으세요.

$$2\dfrac{1}{4} \qquad = \qquad \dfrac{9}{4}$$

$$2\dfrac{1}{4}=2+\dfrac{1}{4}=\dfrac{4}{4}+\dfrac{4}{4}+\dfrac{1}{4}=\dfrac{9}{4} \;\Rightarrow\; 2\dfrac{1}{4}=\dfrac{4\times2+1}{4}=\dfrac{9}{4}$$

$$1\dfrac{2}{3}=\dfrac{3}{3}+\dfrac{2}{3}=\dfrac{5}{3} \;\Rightarrow\; 1\dfrac{2}{3}=\dfrac{3\times1+2}{3}=\dfrac{5}{3}$$

 T.I.P

대분수를 가분수로 나타낼 때, 분모는 그대로 두고 분자는 자연수와 분모를 곱한 수를 분자에 더합니다. 대분수를 가분수로 나타내는 것은 가분수를 대분수로 나타내는 과정을 거꾸로 적용하면 됩니다.

🌱 빈칸에 알맞은 수를 써넣으세요.

$$2\dfrac{3}{4}=\dfrac{4}{4}+\dfrac{4}{4}+\dfrac{3}{4}=\dfrac{11}{4} \;\Rightarrow\; 2\dfrac{3}{4}=\dfrac{4\times2+3}{4}=\dfrac{11}{4}$$

$$1\dfrac{5}{6}=\dfrac{6}{6}+\dfrac{5}{6}=\dfrac{11}{6} \;\Rightarrow\; 1\dfrac{5}{6}=\dfrac{6\times1+5}{6}=\dfrac{11}{6}$$

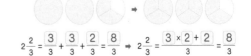

$$2\dfrac{2}{3}=\dfrac{3}{3}+\dfrac{3}{3}+\dfrac{2}{3}=\dfrac{8}{3} \;\Rightarrow\; 2\dfrac{2}{3}=\dfrac{3\times2+2}{3}=\dfrac{8}{3}$$

P 28 ~ 29

신나는 연산!

🌱 대분수를 가분수로 나타내세요.

$4\frac{1}{3} = \frac{13}{3}$ $2\frac{3}{7} = \frac{17}{7}$

$5\frac{3}{4} = \frac{23}{4}$ $3\frac{5}{9} = \frac{32}{9}$

$3\frac{2}{5} = \frac{17}{5}$ $2\frac{3}{10} = \frac{23}{10}$

$10\frac{1}{2} = \frac{21}{2}$ $8\frac{2}{5} = \frac{42}{5}$

$7\frac{2}{7} = \frac{51}{7}$ $2\frac{3}{15} = \frac{33}{15}$

$4\frac{5}{6} = \frac{29}{6}$ $2\frac{7}{11} = \frac{29}{11}$

$5\frac{11}{12} = \frac{71}{12}$ $6\frac{4}{9} = \frac{58}{9}$

28 소마셈 - D1

2주

🌱 대분수를 가분수로 나타내세요.

$3\frac{4}{7} = \frac{25}{7}$ $2\frac{5}{6} = \frac{17}{6}$

$1\frac{7}{10} = \frac{17}{10}$ $3\frac{6}{8} = \frac{30}{8}$

$4\frac{2}{9} = \frac{38}{9}$ $6\frac{1}{7} = \frac{43}{7}$

$7\frac{3}{5} = \frac{38}{5}$ $8\frac{5}{9} = \frac{77}{9}$

$4\frac{5}{12} = \frac{53}{12}$ $3\frac{1}{16} = \frac{49}{16}$

$2\frac{9}{10} = \frac{29}{10}$ $2\frac{1}{14} = \frac{29}{14}$

$5\frac{10}{11} = \frac{65}{11}$ $2\frac{5}{18} = \frac{41}{18}$

2주 - 분모가 같은 대분수의 덧셈 29

---

2 일 차 대분수의 덧셈 (1)

2주 월 일

🌱 다음과 같이 대분수끼리의 덧셈을 하세요.

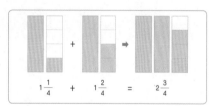

$1\frac{1}{4}$ + $1\frac{2}{4}$ = $2\frac{3}{4}$

$1\frac{2}{7} + 2\frac{3}{7} = 3 + \frac{5}{7} = 3\frac{5}{7}$

$1\frac{3}{8} + 1\frac{4}{8} = 2 + \frac{7}{8} = 2\frac{7}{8}$

$2\frac{2}{9} + 2\frac{1}{9} = 4 + \frac{3}{9} = 4\frac{3}{9}$

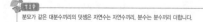

TIP
분모가 같은 대분수끼리의 덧셈은 자연수는 자연수끼리, 분수는 분수끼리 더합니다.

30 소마셈 - D1

🌱 분수의 덧셈을 하세요.

$1\frac{1}{5} + 2\frac{3}{5} = 3\frac{4}{5}$ $2\frac{1}{3} + 1\frac{1}{3} = 3\frac{2}{3}$

$2\frac{4}{7} + 2\frac{2}{7} = 4\frac{6}{7}$ $1\frac{2}{9} + 3\frac{5}{9} = 4\frac{7}{9}$

$2\frac{7}{10} + 3\frac{1}{10} = 5\frac{8}{10}$ $1\frac{4}{13} + 2\frac{8}{13} = 3\frac{12}{13}$

$3\frac{5}{11} + 2\frac{3}{11} = 5\frac{8}{11}$ $1\frac{3}{8} + 2\frac{3}{8} = 3\frac{6}{8}$

$1\frac{2}{16} + 2\frac{7}{16} = 3\frac{9}{16}$ $2\frac{5}{15} + 2\frac{9}{15} = 4\frac{14}{15}$

$1\frac{14}{17} + 4\frac{1}{17} = 5\frac{15}{17}$ $2\frac{2}{10} + 1\frac{3}{10} = 3\frac{5}{10}$

$3\frac{5}{22} + 2\frac{14}{22} = 5\frac{19}{22}$ $1\frac{15}{27} + 1\frac{11}{27} = 2\frac{26}{27}$

2주 - 분모가 같은 대분수의 덧셈 31

2주

🌱 분수의 덧셈을 하세요.

$1\dfrac{3}{13} + 1\dfrac{1}{13} = \boxed{2\dfrac{4}{13}}$ $2\dfrac{2}{8} + 2\dfrac{3}{8} = \boxed{4\dfrac{5}{8}}$

$2\dfrac{2}{6} + 3\dfrac{3}{6} = \boxed{5\dfrac{5}{6}}$ $1\dfrac{4}{12} + 1\dfrac{6}{12} = \boxed{2\dfrac{10}{12}}$

$2\dfrac{1}{14} + 4\dfrac{11}{14} = \boxed{6\dfrac{12}{14}}$ $1\dfrac{13}{22} + 5\dfrac{8}{22} = \boxed{6\dfrac{21}{22}}$

$5\dfrac{3}{9} + 2\dfrac{5}{9} = \boxed{7\dfrac{8}{9}}$ $1\dfrac{5}{23} + 1\dfrac{4}{23} = \boxed{2\dfrac{9}{23}}$

$4\dfrac{2}{17} + 2\dfrac{8}{17} = \boxed{6\dfrac{10}{17}}$ $3\dfrac{15}{28} + 2\dfrac{4}{28} = \boxed{5\dfrac{19}{28}}$

$1\dfrac{9}{21} + 5\dfrac{4}{21} = \boxed{6\dfrac{13}{21}}$ $2\dfrac{13}{25} + 2\dfrac{9}{25} = \boxed{4\dfrac{22}{25}}$

$3\dfrac{3}{16} + 4\dfrac{3}{16} = \boxed{7\dfrac{6}{16}}$ $1\dfrac{13}{21} + 1\dfrac{7}{21} = \boxed{2\dfrac{20}{21}}$

---

3 일차 대분수의 덧셈 (2)

P 32 ~ 33

🌱 다음과 같이 대분수끼리의 덧셈을 하세요.

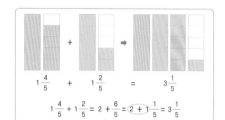

$1\dfrac{4}{5} + 1\dfrac{2}{5} = 3\dfrac{1}{5}$

$1\dfrac{4}{5} + 1\dfrac{2}{5} = 2 + \dfrac{6}{5} = (2 + 1)\dfrac{1}{5} = 3\dfrac{1}{5}$

$2\dfrac{2}{4} + 2\dfrac{3}{4} = \boxed{4} + \dfrac{5}{4} = \boxed{4 + 1}\dfrac{1}{4} = 5\dfrac{1}{4}$

2+2=4, 2+3=5

$2\dfrac{5}{7} + 3\dfrac{4}{7} = \boxed{5} + \dfrac{9}{7} = \boxed{5} + 1\dfrac{2}{7} = \boxed{6}\dfrac{2}{7}$

TIP
먼저 자연수는 자연수끼리, 분수는 분수끼리 더합니다. 분수 부분끼리의 합이 가분수이면,
대분수로 나타낸 후 자연수와 더합니다.

 신나는 연산

🌱 분수의 덧셈을 하세요.

$1\dfrac{3}{4} + 1\dfrac{2}{4} = \boxed{3\dfrac{1}{4}}$ $2\dfrac{5}{6} + 1\dfrac{4}{6} = \boxed{4\dfrac{3}{6}}$

$1\dfrac{4}{8} + 3\dfrac{5}{8} = \boxed{5\dfrac{1}{8}}$ $2\dfrac{5}{7} + 1\dfrac{6}{7} = \boxed{4\dfrac{4}{7}}$

$1\dfrac{7}{9} + 1\dfrac{4}{9} = \boxed{3\dfrac{2}{9}}$ $2\dfrac{4}{10} + 2\dfrac{9}{10} = \boxed{5\dfrac{3}{10}}$

$3\dfrac{8}{12} + 1\dfrac{5}{12} = \boxed{5\dfrac{1}{12}}$ $2\dfrac{4}{6} + 2\dfrac{3}{6} = \boxed{5\dfrac{1}{6}}$

$1\dfrac{8}{15} + 1\dfrac{8}{15} = \boxed{3\dfrac{1}{15}}$ $2\dfrac{2}{13} + 1\dfrac{12}{13} = \boxed{4\dfrac{1}{13}}$

$2\dfrac{7}{8} + 2\dfrac{4}{8} = \boxed{5\dfrac{3}{8}}$ $1\dfrac{7}{9} + 4\dfrac{6}{9} = \boxed{6\dfrac{4}{9}}$

$3\dfrac{6}{14} + 2\dfrac{11}{14} = \boxed{6\dfrac{3}{14}}$ $1\dfrac{6}{7} + 2\dfrac{3}{7} = \boxed{4\dfrac{2}{7}}$

 2주 월 일

P 34 ~ 35

🌱 분수의 덧셈을 하세요.

$1\dfrac{2}{3} + 6\dfrac{2}{3} = \boxed{8\dfrac{1}{3}}$ $2\dfrac{3}{8} + 4\dfrac{7}{8} = \boxed{7\dfrac{2}{8}}$

$2\dfrac{4}{7} + 5\dfrac{4}{7} = \boxed{8\dfrac{1}{7}}$ $1\dfrac{7}{9} + 3\dfrac{7}{9} = \boxed{5\dfrac{5}{9}}$

$2\dfrac{5}{6} + 3\dfrac{5}{6} = \boxed{6\dfrac{4}{6}}$ $5\dfrac{5}{10} + 2\dfrac{8}{10} = \boxed{8\dfrac{3}{10}}$

$1\dfrac{4}{5} + 4\dfrac{2}{5} = \boxed{6\dfrac{1}{5}}$ $2\dfrac{5}{12} + 1\dfrac{8}{12} = \boxed{4\dfrac{1}{12}}$

$3\dfrac{3}{9} + 2\dfrac{8}{9} = \boxed{6\dfrac{2}{9}}$ $1\dfrac{10}{20} + 2\dfrac{11}{20} = \boxed{4\dfrac{1}{20}}$

$1\dfrac{15}{18} + 1\dfrac{5}{18} = \boxed{3\dfrac{2}{18}}$ $2\dfrac{3}{15} + 2\dfrac{14}{15} = \boxed{5\dfrac{2}{15}}$

$3\dfrac{3}{11} + 2\dfrac{10}{11} = \boxed{6\dfrac{2}{11}}$ $1\dfrac{11}{12} + 2\dfrac{7}{12} = \boxed{4\dfrac{6}{12}}$

4 일차 대분수의 덧셈 (3)

P 36 ~ 37

🌱 다음과 같이 대분수끼리의 덧셈을 하세요.

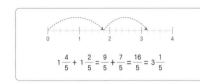

$$1\frac{4}{5} + 1\frac{2}{5} = \frac{9}{5} + \frac{7}{5} = \frac{16}{5} = 3\frac{1}{5}$$

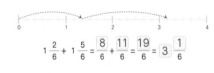

$$1\frac{2}{6} + 1\frac{5}{6} = \frac{8}{6} + \frac{11}{6} = \frac{19}{6} = 3\frac{1}{6}$$

$$2\frac{1}{4} + 1\frac{3}{4} = \frac{9}{4} + \frac{7}{4} = \frac{16}{4} = 4$$

> **TIP**
> 대분수를 가분수로 바꾸어 분자끼리 더한 후 다시 대분수 또는 자연수로 나타냅니다.

36 소마셈 - D1

🌱 분수의 덧셈을 하세요.

$$5\frac{2}{4} + 2\frac{3}{4} = 8\frac{1}{4}$$

$$2\frac{2}{3} + 3\frac{1}{3} = 6$$

$$2\frac{4}{7} + 2\frac{5}{7} = 5\frac{2}{7}$$

$$3\frac{4}{6} + 3\frac{5}{6} = 7\frac{3}{6}$$

$$2\frac{7}{12} + 1\frac{8}{12} = 4\frac{3}{12}$$

$$1\frac{5}{9} + 5\frac{4}{9} = 7$$

$$4\frac{6}{8} + 1\frac{7}{8} = 6\frac{5}{8}$$

$$1\frac{6}{7} + 3\frac{3}{7} = 5\frac{2}{7}$$

$$1\frac{5}{6} + 2\frac{5}{6} = 4\frac{4}{6}$$

$$2\frac{4}{10} + 1\frac{7}{10} = 4\frac{1}{10}$$

$$1\frac{10}{15} + 2\frac{13}{15} = 4\frac{8}{15}$$

$$2\frac{10}{13} + 1\frac{3}{13} = 4$$

$$4\frac{4}{8} + 2\frac{5}{8} = 7\frac{1}{8}$$

$$1\frac{6}{14} + 1\frac{11}{14} = 3\frac{3}{14}$$

2주 – 분모가 같은 대분수의 덧셈 **37**

P 38 ~ 39

🌱 분수의 덧셈을 하세요.

$$2\frac{4}{9} + 1\frac{5}{9} = 4$$

$$2\frac{1}{5} + 2\frac{4}{5} = 5$$

$$2\frac{2}{6} + 2\frac{5}{6} = 5\frac{1}{6}$$

$$2\frac{6}{12} + 1\frac{11}{12} = 4\frac{5}{12}$$

$$1\frac{8}{10} + 1\frac{7}{10} = 3\frac{5}{10}$$

$$1\frac{10}{11} + 3\frac{9}{11} = 5\frac{8}{11}$$

$$4\frac{4}{8} + 1\frac{4}{8} = 6$$

$$3\frac{21}{22} + 3\frac{6}{22} = 7\frac{5}{22}$$

$$2\frac{10}{16} + 5\frac{11}{16} = 8\frac{5}{16}$$

$$1\frac{13}{25} + 1\frac{18}{25} = 3\frac{6}{25}$$

$$1\frac{5}{9} + 4\frac{4}{9} = 6$$

$$2\frac{3}{15} + 2\frac{14}{15} = 5\frac{2}{15}$$

$$2\frac{11}{16} + 2\frac{5}{16} = 5$$

$$2\frac{13}{14} + 1\frac{6}{14} = 4\frac{5}{14}$$

38 소마셈 - D1

---

5 일차 문장제

🌱 다음을 읽고 알맞은 식을 쓰고, 답을 구하세요. 계산 결과가 가분수이면 대분수로 나타내세요.

주스를 정하는 $\frac{1}{5}$ L 마셨고, 성우는 $\frac{3}{5}$ L 마셨습니다. 두 사람이 마신 주스는 모두 몇 L일까요?

식 : $\frac{1}{5} + \frac{3}{5} = \frac{4}{5}$ ＿＿＿＿ $\boxed{\dfrac{4}{5}}$ L

시은이는 길이가 $\frac{5}{9}$ m인 막대 2개를 가지고 있습니다. 막대를 겹치지 않고 이어 붙이면 모두 몇 m일까요?

식 : $\frac{5}{9} + \frac{5}{9} = 1\frac{1}{9}$ ＿＿＿＿ $\boxed{1\dfrac{1}{9}}$ m

2주 – 분모가 같은 대분수의 덧셈 **39**

다음을 읽고 알맞은 식을 쓰고, 답을 구하세요. 계산 결과가 가분수이면 대분수로 나타내세요.

과일이 여러 개 있습니다. 귤의 무게는 $3\frac{2}{10}$kg 이고, 사과의 무게는 $4\frac{7}{10}$kg입니다. 과일을 모두 합하면 모두 몇 kg일까요?

식 : $3\frac{2}{10} + 4\frac{7}{10} = 7\frac{9}{10}$

$7\frac{9}{10}$ kg

집에서 학교까지의 거리는 $2\frac{4}{7}$km이고, 학교에서 버스정류장까지의 거리는 $3\frac{5}{7}$km입니다. 집에서 학교를 거쳐 버스정류장까지의 거리는 몇 km일까요?

식 : $2\frac{4}{7} + 3\frac{5}{7} = 6\frac{2}{7}$

$6\frac{2}{7}$ km

다음을 읽고 알맞은 식을 쓰고, 답을 구하세요. 계산 결과가 가분수이면 대분수로 나타내세요.

길이가 각각 $\frac{5}{9}$m와 $\frac{2}{9}$m인 색 테이프의 길이의 합은 몇 m일까요?

식 : $\frac{5}{9} + \frac{2}{9} = \frac{7}{9}$

$\frac{7}{9}$ m

진주와 선우가 도너츠를 먹었습니다. 진주가 $1\frac{1}{3}$개 먹고, 선우가 $2\frac{1}{3}$개 먹었다면 둘이 먹은 도너츠는 모두 몇 개일까요?

식 : $1\frac{1}{3} + 2\frac{1}{3} = 3\frac{2}{3}$

$3\frac{2}{3}$ 개

8등분 된 피자 한 판이 있습니다. 형은 두 조각을 먹고, 동생은 한 조각을 먹었습니다. 형과 동생이 먹은 피자는 전체의 몇 분의 몇 조각일까요?

식 : $\frac{2}{8} + \frac{1}{8} = \frac{3}{8}$

$\frac{3}{8}$ 조각

다음을 읽고 알맞은 식을 쓰고, 답을 구하세요. 계산 결과가 가분수이면 대분수로 나타내세요.

성호의 가방은 $3\frac{4}{5}$kg 이고, 지원이의 가방은 $3\frac{3}{5}$kg입니다. 두 사람의 가방은 모두 몇 kg일까요?

식 : $3\frac{4}{5} + 3\frac{3}{5} = 7\frac{2}{5}$

$7\frac{2}{5}$ kg

선영이는 어제 $\frac{5}{6}$시간 책을 읽고, 오늘 $\frac{4}{6}$시간 책을 읽었습니다. 선영이가 어제와 오늘 책을 읽은 시간은 모두 몇 시간일까요?

식 : $\frac{5}{6} + \frac{4}{6} = 1\frac{3}{6}$

$1\frac{3}{6}$ 시간

어떤 상자가 있습니다. 이 상자의 무게는 $3\frac{3}{7}$g 짜리 추와 $3\frac{5}{7}$g 짜리 추를 합한 무게와 같습니다. 상자의 무게는 몇 g일까요?

식 : $3\frac{3}{7} + 3\frac{5}{7} = 7\frac{1}{7}$

$7\frac{1}{7}$ g

정답

1 일차   분수의 크기 비교

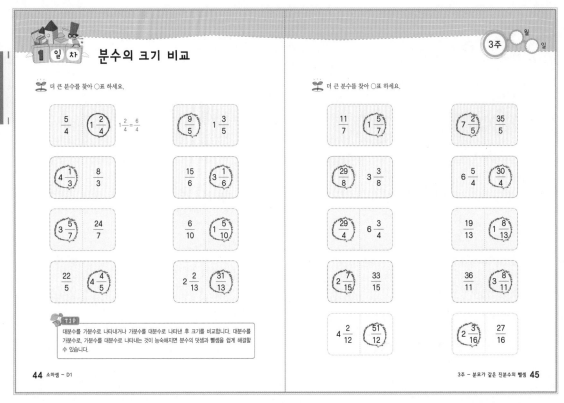

🌱 더 큰 분수를 찾아 ○표 하세요.

$\dfrac{5}{4}$ ⬭$1\dfrac{2}{4}$ $1\dfrac{2}{4}=\dfrac{6}{4}$

⬭$\dfrac{9}{5}$ $1\dfrac{3}{5}$

⬭$4\dfrac{1}{3}$ $\dfrac{8}{3}$

$\dfrac{15}{6}$ ⬭$3\dfrac{3}{6}$

⬭$3\dfrac{5}{7}$ $\dfrac{24}{7}$

$\dfrac{6}{10}$ ⬭$1\dfrac{5}{10}$

$\dfrac{22}{5}$ ⬭$4\dfrac{4}{5}$

$2\dfrac{2}{13}$ ⬭$\dfrac{31}{13}$

🌱 더 큰 분수를 찾아 ○표 하세요.

$\dfrac{11}{7}$ ⬭$1\dfrac{5}{7}$

⬭$7\dfrac{2}{5}$ $\dfrac{35}{5}$

⬭$\dfrac{29}{8}$ $3\dfrac{3}{8}$

$6\dfrac{5}{4}$ ⬭$\dfrac{30}{4}$

⬭$\dfrac{29}{4}$ $6\dfrac{3}{4}$

$\dfrac{19}{13}$ ⬭$1\dfrac{8}{13}$

$2\dfrac{7}{15}$ ⬭$\dfrac{33}{15}$

$\dfrac{36}{11}$ ⬭$3\dfrac{8}{11}$

$4\dfrac{2}{12}$ ⬭$\dfrac{51}{12}$

⬭$2\dfrac{3}{16}$ $\dfrac{27}{16}$

TIP
대분수를 가분수로 나타내거나 가분수를 대분수로 나타낸 후 크기를 비교합니다. 대분수를 가분수로, 가분수를 대분수로 나타내는 것이 능숙해지면 분수의 덧셈과 뺄셈을 쉽게 해결할 수 있습니다.

2 일차   가장 큰 분수

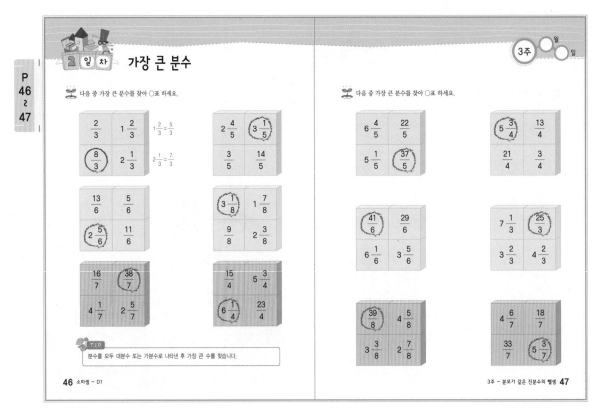

🌱 다음 중 가장 큰 분수를 찾아 ○표 하세요.

$\dfrac{2}{3}$ $1\dfrac{2}{3}$ $1\dfrac{2}{3}=\dfrac{5}{3}$
⬭$\dfrac{8}{3}$ $2\dfrac{1}{3}$ $2\dfrac{1}{3}=\dfrac{7}{3}$

$2\dfrac{4}{5}$ ⬭$3\dfrac{1}{5}$
$\dfrac{3}{5}$ $\dfrac{14}{5}$

$\dfrac{13}{6}$ $\dfrac{5}{6}$
⬭$2\dfrac{5}{6}$ $\dfrac{11}{6}$

⬭$3\dfrac{1}{8}$ $1\dfrac{7}{8}$
$\dfrac{9}{8}$ $2\dfrac{3}{8}$

$\dfrac{16}{7}$ ⬭$\dfrac{38}{7}$
$4\dfrac{1}{7}$ $2\dfrac{5}{7}$

$\dfrac{15}{4}$ $5\dfrac{3}{4}$
⬭$6\dfrac{1}{4}$ $\dfrac{23}{4}$

🌱 다음 중 가장 큰 분수를 찾아 ○표 하세요.

$6\dfrac{4}{5}$ $\dfrac{22}{5}$
$5\dfrac{1}{5}$ ⬭$\dfrac{37}{5}$

⬭$5\dfrac{3}{4}$ $\dfrac{13}{4}$
$\dfrac{21}{4}$ $\dfrac{3}{4}$

⬭$\dfrac{41}{6}$ $\dfrac{29}{6}$
$6\dfrac{1}{6}$ $3\dfrac{5}{6}$

$7\dfrac{1}{3}$ ⬭$\dfrac{25}{3}$
$3\dfrac{2}{3}$ $4\dfrac{2}{3}$

⬭$\dfrac{39}{8}$ $4\dfrac{5}{8}$
$3\dfrac{3}{8}$ $2\dfrac{7}{8}$

$4\dfrac{6}{7}$ $\dfrac{18}{7}$
$\dfrac{33}{7}$ ⬭$5\dfrac{3}{7}$

TIP
분수를 모두 대분수 또는 가분수로 나타낸 후 가장 큰 수를 찾습니다.

3 일 차 진분수의 뺄셈 (1)

🌱 다음과 같이 진분수끼리의 뺄셈을 하세요.

$$\frac{6}{8} - \frac{2}{8} = \frac{4}{8}$$

$\frac{5}{6} - \frac{2}{6} = \frac{5-2}{6} = \frac{3}{6}$　　$\frac{3}{4} - \frac{2}{4} = \frac{3-2}{4} = \frac{1}{4}$

$\frac{7}{9} - \frac{3}{9} = \frac{7-3}{9} = \frac{4}{9}$　　$\frac{4}{5} - \frac{1}{5} = \frac{4-1}{5} = \frac{3}{5}$

$\frac{9}{11} - \frac{4}{11} = \frac{9-4}{11} = \frac{5}{11}$　　$\frac{12}{13} - \frac{6}{13} = \frac{12-6}{13} = \frac{6}{13}$

TIP
분모가 같은 진분수끼리의 뺄셈은 분모가 같은 진분수끼리의 덧셈처럼 분모는 그대로 쓰고, 분자끼리 뺍니다.

 **2주**

🌱 분수의 뺄셈을 하세요.

$\frac{5}{7} - \frac{4}{7} = \frac{1}{7}$　　$\frac{7}{8} - \frac{6}{8} = \frac{1}{8}$

$\frac{5}{9} - \frac{1}{9} = \frac{4}{9}$　　$\frac{8}{11} - \frac{3}{11} = \frac{5}{11}$

$\frac{12}{14} - \frac{11}{14} = \frac{1}{14}$　　$\frac{13}{15} - \frac{6}{15} = \frac{7}{15}$

$\frac{17}{20} - \frac{6}{20} = \frac{11}{20}$　　$\frac{13}{18} - \frac{9}{18} = \frac{4}{18}$

$\frac{5}{7} - \frac{4}{7} = \frac{1}{7}$　　$\frac{11}{12} - \frac{7}{12} = \frac{4}{12}$

$\frac{16}{22} - \frac{8}{22} = \frac{8}{22}$　　$\frac{8}{10} - \frac{3}{10} = \frac{5}{10}$

$\frac{11}{13} - \frac{5}{13} = \frac{6}{13}$　　$\frac{14}{17} - \frac{6}{17} = \frac{8}{17}$

3주

🌱 분수의 뺄셈을 하세요.

$\frac{5}{6} - \frac{2}{6} = \frac{3}{6}$　　$\frac{9}{10} - \frac{2}{10} = \frac{7}{10}$

$\frac{10}{14} - \frac{7}{14} = \frac{3}{14}$　　$\frac{13}{16} - \frac{3}{16} = \frac{10}{16}$

$\frac{14}{17} - \frac{8}{17} = \frac{6}{17}$　　$\frac{9}{13} - \frac{7}{13} = \frac{2}{13}$

$\frac{18}{24} - \frac{9}{24} = \frac{9}{24}$　　$\frac{12}{15} - \frac{7}{15} = \frac{5}{15}$

$\frac{20}{27} - \frac{6}{27} = \frac{14}{27}$　　$\frac{19}{18} - \frac{7}{18} = \frac{12}{18}$

$\frac{13}{16} - \frac{5}{16} = \frac{8}{16}$　　$\frac{25}{29} - \frac{13}{29} = \frac{12}{29}$

$\frac{27}{31} - \frac{16}{31} = \frac{11}{31}$　　$\frac{21}{23} - \frac{17}{23} = \frac{4}{23}$

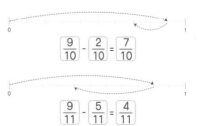 **4 일 차 진분수의 뺄셈 (2)**

🌱 다음과 같이 진분수끼리의 뺄셈을 하세요.

$$\frac{4}{6} - \frac{3}{6} = \frac{1}{6}$$

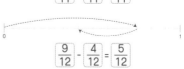

$$\frac{9}{10} - \frac{2}{10} = \frac{7}{10}$$

$$\frac{9}{11} - \frac{5}{11} = \frac{4}{11}$$

$$\frac{9}{12} - \frac{4}{12} = \frac{5}{12}$$

P
52
~
53

3주

다음과 같이 진분수끼리의 뺄셈을 하세요.

$$\frac{6}{7} - \frac{4}{7} = \frac{2}{7}$$

$$\frac{7}{9} - \frac{6}{9} = \frac{1}{9}$$

$$\frac{8}{10} - \frac{5}{10} = \frac{3}{10}$$

$$\frac{12}{13} - \frac{7}{13} = \frac{5}{13}$$

52 소마셈 – D1

5 일 차 진분수끼리의 뺄셈 퍼즐

빈 곳에 두 분수의 차를 써넣으세요.

| $\frac{3}{5}$ | $\frac{2}{5}$ | $\frac{1}{5}$ | | $\frac{5}{6}$ | $\frac{1}{6}$ | $\frac{4}{6}$ |

| $\frac{7}{11}$ | $\frac{4}{11}$ | $\frac{3}{11}$ | | $\frac{11}{15}$ | $\frac{9}{15}$ | $\frac{2}{15}$ |

| $\frac{10}{14}$ | $\frac{5}{14}$ | $\frac{5}{14}$ | | $\frac{18}{22}$ | $\frac{6}{22}$ | $\frac{12}{22}$ |

| $\frac{9}{18}$ | $\frac{4}{18}$ | $\frac{5}{18}$ | | $\frac{13}{23}$ | $\frac{7}{23}$ | $\frac{6}{23}$ |

| $\frac{25}{30}$ | $\frac{16}{30}$ | $\frac{9}{30}$ | | $\frac{27}{29}$ | $\frac{9}{29}$ | $\frac{18}{29}$ |

3주 – 분모가 같은 진분수의 뺄셈 53

P
54

3주

빈 곳에 두 분수의 차를 써넣으세요.

$$\frac{7}{8}$$ $\frac{5}{8}$ $\frac{2}{8}$

$$\frac{8}{9}$$ $\frac{7}{9}$ $\frac{1}{9}$

$$\frac{2}{7}$$ $\frac{3}{7}$ $\frac{5}{7}$

$$\frac{4}{11}$$ $\frac{6}{11}$ $\frac{10}{11}$

$$\frac{13}{27}$$ $\frac{7}{27}$ $\frac{6}{27}$

$$\frac{9}{23}$$ $\frac{10}{23}$ $\frac{19}{23}$

$$\frac{22}{31}$$ $\frac{5}{31}$ $\frac{27}{31}$

$$\frac{16}{19}$$ $\frac{8}{19}$ $\frac{8}{19}$

$$\frac{21}{24}$$ $\frac{15}{24}$ $\frac{6}{24}$

54 소마셈 – D1

1 일 차 대분수를 가분수로 나타내기

4주

P 56 ~ 57

다음과 같이 대분수의 자연수 부분 중 1만을 가져와서 가분수로 나타내는 방법을 알아보고, 빈칸에 알맞은 수를 써넣으세요.

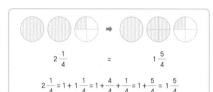

$$2\frac{1}{4} = 1 + 1\frac{1}{4} = 1 + \frac{4}{4} + \frac{1}{4} = 1 + \frac{5}{4} = 1\frac{5}{4}$$

$$2\frac{2}{3} = \boxed{1} + 1\frac{2}{3} = 1 + \frac{3}{3} + \frac{2}{3} = 1 + \frac{5}{3} = 1\frac{5}{3}$$

 TIP

대분수의 자연수 부분 중 1만을 가져와서 가분수로 나타내는 것은 대분수의 뺄셈을 하기 위한 과정입니다. 한 분수의 분자 값이 작아서 다른 분수를 뺄 수 없을 때 자연수 부분 중 1을 빌려오는 것을 연습하는 것입니다.

빈칸에 알맞은 수를 써넣으세요.

$$2\frac{3}{4} = \boxed{1} + 1\frac{3}{4} = 1 + \frac{4}{4} + \frac{3}{4} = 1 + \frac{7}{4} = 1\frac{7}{4}$$

$$3\frac{2}{5} = \boxed{2} + 1\frac{2}{5} = 2 + \frac{5}{5} + \frac{2}{5} = 2 + \frac{7}{5} = 2\frac{7}{5}$$

$$3\frac{5}{6} = \boxed{2} + 1\frac{5}{6} = 2 + \frac{6}{6} + \frac{5}{6} = 2 + \frac{11}{6} = 2\frac{11}{6}$$

56 소마셈 – D1

4주 – 분모가 같은 대분수의 뺄셈 **57**

 신나는 연산!

4주

P 58 ~ 59

자연수 부분 중 1만을 가져와서 가분수로 나타내세요.

$$3\frac{1}{3} = \boxed{2\frac{4}{3}}$$

$$3\frac{1}{6} = \boxed{2\frac{7}{6}}$$

$$2\frac{3}{5} = \boxed{1\frac{8}{5}}$$

$$3\frac{3}{4} = \boxed{2\frac{7}{4}}$$

$$5\frac{3}{8} = \boxed{4\frac{11}{8}}$$

$$4\frac{1}{4} = \boxed{3\frac{5}{4}}$$

$$5\frac{3}{5} = \boxed{4\frac{8}{5}}$$

$$5\frac{1}{2} = \boxed{4\frac{3}{2}}$$

$$3\frac{1}{4} = \boxed{2\frac{5}{4}}$$

$$4\frac{2}{7} = \boxed{3\frac{9}{7}}$$

$$3\frac{4}{9} = \boxed{2\frac{13}{9}}$$

$$8\frac{3}{4} = \boxed{7\frac{7}{4}}$$

$$2\frac{7}{10} = \boxed{1\frac{17}{10}}$$

$$6\frac{2}{7} = \boxed{5\frac{9}{7}}$$

자연수 부분 중 1만을 가져와서 가분수로 나타내세요.

$$4\frac{1}{2} = \boxed{3\frac{3}{2}}$$

$$7\frac{3}{7} = \boxed{6\frac{10}{7}}$$

$$3\frac{1}{2} = \boxed{2\frac{3}{2}}$$

$$8\frac{4}{5} = \boxed{7\frac{9}{5}}$$

$$5\frac{1}{6} = \boxed{4\frac{7}{6}}$$

$$4\frac{5}{8} = \boxed{3\frac{13}{8}}$$

$$5\frac{7}{9} = \boxed{4\frac{16}{9}}$$

$$2\frac{4}{5} = \boxed{1\frac{9}{5}}$$

$$5\frac{4}{7} = \boxed{4\frac{11}{7}}$$

$$2\frac{5}{6} = \boxed{1\frac{11}{6}}$$

$$6\frac{1}{3} = \boxed{5\frac{4}{3}}$$

$$4\frac{3}{10} = \boxed{3\frac{13}{10}}$$

$$3\frac{2}{9} = \boxed{2\frac{11}{9}}$$

$$4\frac{1}{11} = \boxed{3\frac{12}{11}}$$

58 소마셈 – D1

4주 – 분모가 같은 대분수의 뺄셈 **59**

정답 **103**

P
60
~
61

2일차 대분수의 뺄셈 (1)

🌱 다음과 같이 대분수끼리의 뺄셈을 하세요.

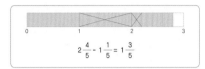

$$2\frac{4}{5} - 1\frac{1}{5} = 1\frac{3}{5}$$

$$5\frac{4}{7} - 2\frac{2}{7} = 3 + \frac{2}{7} = 3\frac{2}{7}$$

4-2=2
5-2=3

$$4\frac{5}{6} - 1\frac{3}{6} = 3 + \frac{2}{6} = 3\frac{2}{6}$$

$$7\frac{6}{9} - 5\frac{1}{9} = 2 + \frac{5}{9} = 2\frac{5}{9}$$

> **TIP**
> 자연수는 자연수끼리, 분수는 분수끼리 뺀 후 두 수를 더합니다.

60 소마셈 - D1

🌱 분수의 뺄셈을 하세요.

$$4\frac{2}{3} - 1\frac{1}{3} = 3\frac{1}{3}$$
$$4\frac{3}{4} - 4\frac{2}{4} = \frac{1}{4}$$

$$5\frac{6}{7} - 3\frac{2}{7} = 2\frac{4}{7}$$
$$5\frac{6}{8} - 1\frac{1}{8} = 4\frac{5}{8}$$

$$2\frac{4}{5} - 1\frac{3}{5} = 1\frac{1}{5}$$
$$8\frac{6}{7} - 5\frac{3}{7} = 3\frac{3}{7}$$

$$4\frac{5}{6} - 2\frac{1}{6} = 2\frac{4}{6}$$
$$3\frac{6}{9} - 2\frac{4}{9} = 1\frac{2}{9}$$

$$5\frac{7}{8} - 2\frac{3}{8} = 3\frac{4}{8}$$
$$7\frac{9}{14} - 7\frac{6}{14} = \frac{3}{14}$$

$$6\frac{10}{11} - 3\frac{6}{11} = 3\frac{4}{11}$$
$$5\frac{8}{15} - 3\frac{7}{15} = 2\frac{1}{15}$$

$$7\frac{8}{10} - 5\frac{5}{10} = 2\frac{3}{10}$$
$$6\frac{9}{12} - 4\frac{4}{12} = 2\frac{5}{12}$$

4주 - 분모가 같은 대분수의 뺄셈 **61**

P
62
~
63

🌱 분수의 뺄셈을 하세요.

$$6\frac{3}{5} - 5\frac{2}{5} = 1\frac{1}{5}$$
$$4\frac{5}{6} - 1\frac{1}{6} = 3\frac{4}{6}$$

$$5\frac{7}{9} - 5\frac{3}{9} = \frac{4}{9}$$
$$7\frac{5}{7} - 3\frac{2}{7} = 4\frac{3}{7}$$

$$3\frac{6}{8} - 1\frac{3}{8} = 2\frac{3}{8}$$
$$5\frac{5}{6} - 4\frac{2}{6} = 1\frac{3}{6}$$

$$8\frac{4}{7} - 7\frac{2}{7} = 1\frac{2}{7}$$
$$9\frac{9}{11} - 3\frac{7}{11} = 6\frac{2}{11}$$

$$7\frac{8}{10} - 6\frac{4}{10} = 1\frac{4}{10}$$
$$8\frac{8}{13} - 6\frac{6}{13} = \frac{2}{13}$$

$$5\frac{9}{16} - 1\frac{6}{16} = 4\frac{3}{16}$$
$$8\frac{9}{12} - 1\frac{4}{12} = 7\frac{5}{12}$$

$$7\frac{13}{17} - 4\frac{9}{17} = 3\frac{4}{17}$$
$$6\frac{14}{16} - 3\frac{11}{16} = 3\frac{3}{16}$$

62 소마셈 - D1

3일차 대분수의 뺄셈 (2)

🌱 다음과 같이 대분수끼리의 뺄셈을 하세요.

$$3\frac{1}{5} - 1\frac{4}{5} = 2\frac{6}{5} - 1\frac{4}{5} = 1\frac{2}{5}$$

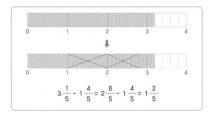

$$4\frac{2}{4} - 2\frac{3}{4} = 3\frac{6}{4} - 2\frac{3}{4} = 1 + \frac{3}{4} = 1\frac{3}{4}$$

6-3=3
3-2=1

$$5\frac{1}{6} - 1\frac{5}{6} = 4\frac{7}{6} - 1\frac{5}{6} = 3 + \frac{2}{6} = 3\frac{2}{6}$$

> **TIP**
> 위와 같이 대분수의 뺄셈에서는 분수끼리 뺄 수 없는 경우가 있습니다. 이때는 분수의 자연
> 수 부분에서 1을 받아내림하여 가분수로 바꾼 후에 빼야 합니다.

4주 - 분모가 같은 대분수의 뺄셈 **63**

분수의 뺄셈을 하세요.

$3\frac{1}{5} - 1\frac{4}{5} = \boxed{1\frac{2}{5}}$ $2\frac{2}{4} - 1\frac{3}{4} = \boxed{\frac{3}{4}}$

$2\frac{1}{3} - 1\frac{2}{3} = \boxed{\frac{2}{3}}$ $3\frac{3}{5} - 1\frac{4}{5} = \boxed{1\frac{4}{5}}$

$4\frac{2}{7} - 1\frac{6}{7} = \boxed{2\frac{3}{7}}$ $5\frac{1}{6} - 2\frac{4}{6} = \boxed{2\frac{3}{6}}$

$4\frac{3}{6} - 3\frac{4}{6} = \boxed{\frac{5}{6}}$ $5\frac{4}{8} - 1\frac{5}{8} = \boxed{3\frac{7}{8}}$

$7\frac{1}{7} - 3\frac{5}{7} = \boxed{3\frac{3}{7}}$ $6\frac{2}{10} - 2\frac{9}{10} = \boxed{3\frac{3}{10}}$

$5\frac{4}{8} - 3\frac{7}{8} = \boxed{1\frac{5}{8}}$ $5\frac{7}{12} - 2\frac{9}{12} = \boxed{2\frac{10}{12}}$

$7\frac{2}{11} - 2\frac{10}{11} = \boxed{4\frac{3}{11}}$ $3\frac{5}{14} - 1\frac{11}{14} = \boxed{1\frac{8}{14}}$

분수의 뺄셈을 하세요.

$4\frac{1}{3} - 2\frac{2}{3} = \boxed{1\frac{2}{3}}$ $5\frac{2}{4} - 1\frac{3}{4} = \boxed{3\frac{3}{4}}$

$5\frac{4}{6} - 4\frac{5}{6} = \boxed{\frac{5}{6}}$ $3\frac{2}{5} - 1\frac{4}{5} = \boxed{1\frac{3}{5}}$

$7\frac{5}{8} - 2\frac{7}{8} = \boxed{4\frac{6}{8}}$ $5\frac{2}{7} - 3\frac{6}{7} = \boxed{1\frac{3}{7}}$

$8\frac{3}{7} - 4\frac{5}{7} = \boxed{3\frac{5}{7}}$ $7\frac{1}{6} - 2\frac{5}{6} = \boxed{4\frac{2}{6}}$

$7\frac{2}{10} - 4\frac{5}{10} = \boxed{2\frac{7}{10}}$ $4\frac{1}{11} - 2\frac{8}{11} = \boxed{1\frac{4}{11}}$

$3\frac{4}{15} - 1\frac{10}{15} = \boxed{1\frac{9}{15}}$ $5\frac{3}{12} - 2\frac{10}{12} = \boxed{2\frac{5}{12}}$

$3\frac{11}{13} - 1\frac{12}{13} = \boxed{1\frac{12}{13}}$ $4\frac{10}{15} - 2\frac{14}{15} = \boxed{1\frac{11}{15}}$

 대분수의 뺄셈 (3)

다음과 같이 대분수끼리의 뺄셈을 하세요.

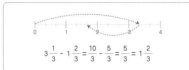

$3\frac{1}{3} - 1\frac{2}{3} = \frac{10}{3} - \frac{5}{3} = \frac{5}{3} = 1\frac{2}{3}$

$4\frac{1}{6} - 3\frac{5}{6} = \frac{25}{6} - \frac{23}{6} = \frac{2}{6}$

$5\frac{2}{5} - 2\frac{3}{5} = \frac{27}{5} - \frac{13}{5} = \frac{14}{5} = 2\frac{4}{5}$

$6\frac{1}{4} - 1\frac{3}{4} = \frac{25}{4} - \frac{7}{4} = \frac{18}{4} = 4\frac{2}{4}$

 TIP

대분수를 가분수로 바꾸어 분자끼리 빼고, 계산 결과가 가분수이면 대분수로 나타냅니다.

분수의 뺄셈을 하세요.

$5\frac{1}{4} - 1\frac{2}{4} = \boxed{3\frac{3}{4}}$ $3\frac{1}{4} - 2\frac{3}{4} = \boxed{\frac{2}{4}}$

$4\frac{1}{3} - 2\frac{2}{3} = \boxed{1\frac{2}{3}}$ $3\frac{2}{5} - 1\frac{4}{5} = \boxed{1\frac{3}{5}}$

$6\frac{1}{3} - 4\frac{2}{3} = \boxed{1\frac{2}{3}}$ $5\frac{3}{7} - 3\frac{5}{7} = \boxed{1\frac{5}{7}}$

$4\frac{1}{5} - 3\frac{4}{5} = \boxed{\frac{2}{5}}$ $4\frac{1}{8} - 2\frac{3}{8} = \boxed{1\frac{6}{8}}$

$6\frac{1}{6} - 3\frac{5}{6} = \boxed{2\frac{2}{6}}$ $3\frac{2}{7} - 2\frac{5}{7} = \boxed{\frac{4}{7}}$

$5\frac{4}{9} - 1\frac{7}{9} = \boxed{3\frac{6}{9}}$ $6\frac{2}{10} - 3\frac{8}{10} = \boxed{2\frac{4}{10}}$

$3\frac{3}{11} - 1\frac{4}{11} = \boxed{1\frac{10}{11}}$ $2\frac{2}{13} - 1\frac{8}{13} = \boxed{\frac{7}{13}}$

4주

🌱 분수의 뺄셈을 하세요.

$5\frac{1}{5} - 2\frac{4}{5} = \boxed{2\frac{2}{5}}$　　$4\frac{2}{6} - 1\frac{5}{6} = \boxed{2\frac{3}{6}}$

$5\frac{1}{5} - 4\frac{4}{5} = \boxed{\frac{2}{5}}$　　$6\frac{3}{7} - 3\frac{6}{7} = \boxed{2\frac{4}{7}}$

$4\frac{1}{8} - 2\frac{7}{8} = \boxed{1\frac{2}{8}}$　　$3\frac{2}{5} - 2\frac{4}{5} = \boxed{\frac{3}{5}}$

$3\frac{2}{7} - 2\frac{4}{7} = \boxed{\frac{5}{7}}$　　$6\frac{2}{4} - 5\frac{3}{4} = \boxed{\frac{3}{4}}$

$3\frac{3}{9} - 2\frac{5}{9} = \boxed{\frac{7}{9}}$　　$7\frac{4}{7} - 1\frac{5}{7} = \boxed{5\frac{6}{7}}$

$5\frac{3}{11} - 3\frac{9}{11} = \boxed{1\frac{5}{11}}$　　$3\frac{2}{12} - 2\frac{7}{12} = \boxed{\frac{7}{12}}$

$4\frac{1}{13} - 1\frac{10}{13} = \boxed{2\frac{4}{13}}$　　$5\frac{4}{15} - 2\frac{11}{15} = \boxed{2\frac{8}{15}}$

---

5 일 차　문장제

🌱 다음을 읽고 알맞은 식을 쓰고, 답을 구하세요.

길이가 $\frac{7}{8}$m인 색 테이프 중 $\frac{2}{8}$m를 사용하였습니다. 남은 색 테이프의 길이는 몇 m일까요?

식 : $\frac{7}{8} - \frac{2}{8} = \frac{5}{8}$　　　$\boxed{\frac{5}{8}}$ m

지아네 꽃밭의 $\frac{6}{7}$은 코스모스가 심어져 있고, $\frac{1}{7}$은 해바라기가 심어져 있습니다. 코스모스는 해바라기보다 전체의 얼마만큼 더 심어져 있을까요?

식 : $\frac{6}{7} - \frac{1}{7} = \frac{5}{7}$　　　$\boxed{\frac{5}{7}}$

🌱 다음을 읽고 알맞은 식을 쓰고, 답을 구하세요.

물통에 $8\frac{7}{9}$L의 물이 있습니다. 이 중 $4\frac{3}{9}$L를 먹었다면 물통에 남아 있는 물의 양은 몇 L일까요?

식 : $8\frac{7}{9} - 4\frac{3}{9} = 4\frac{4}{9}$　　　$\boxed{4\frac{4}{9}}$ L

아래 사각형의 가로와 세로의 길이의 차는 몇 cm일까요?

식 : $5\frac{2}{5} - 2\frac{4}{5} = 2\frac{3}{5}$　　　$\boxed{2\frac{3}{5}}$ cm

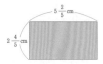
$5\frac{2}{5}$ cm
$2\frac{4}{5}$ cm

4주 　월　일

🌱 다음을 읽고 알맞은 식을 쓰고, 답을 구하세요.

파란색 테이프의 길이는 $\frac{4}{9}$m이고, 빨간색 테이프의 길이는 $\frac{6}{9}$m입니다. 빨간색 테이프는 파란색 테이프보다 얼마나 더 길까요?

식 : $\frac{6}{9} - \frac{4}{9} = \frac{2}{9}$　　　$\boxed{\frac{2}{9}}$ m

재현이는 $\frac{9}{10}$L가 들어 있는 주스 중에서 $\frac{6}{10}$L만큼을 마셨습니다. 남은 주스는 몇 L일까요?

식 : $\frac{9}{10} - \frac{6}{10} = \frac{3}{10}$　　　$\boxed{\frac{3}{10}}$ L

밭에 배추가 심어져 있습니다. 그 중 지원이가 $5\frac{2}{5}$만큼, 서우가 $6\frac{3}{5}$만큼 배추를 뽑았습니다. 서우는 지원이보다 배추를 얼마만큼 더 뽑았을까요?

식 : $6\frac{3}{5} - 5\frac{2}{5} = 1\frac{1}{5}$　　　$\boxed{1\frac{1}{5}}$

다음을 읽고 알맞은 식을 쓰고, 답을 구하세요.

상희는 $4\frac{3}{8}$L의 페인트가 들어 있는 페인트 통에서 $1\frac{2}{8}$L만큼을 벽을 칠하는데 사용했습니다. 남은 페인트는 몇 L일까요?

식 : $4\frac{3}{8} - 1\frac{2}{8} = 3\frac{1}{8}$ $3\frac{1}{8}$ L

현아의 가방 무게는 $7\frac{1}{6}$kg이고, 은서의 가방 무게는 $3\frac{5}{6}$kg입니다. 현아의 가방이 은서의 가방보다 몇 kg 더 무거울까요?

식 : $7\frac{1}{6} - 3\frac{5}{6} = 3\frac{2}{6}$ $3\frac{2}{6}$ kg

길이가 $3\frac{5}{7}$m인 끈이 있습니다. 이 중 $1\frac{6}{7}$m를 사용하였다면, 남아 있는 끈의 길이는 몇 m일까요?

식 : $3\frac{5}{7} - 1\frac{6}{7} = 1\frac{6}{7}$ $1\frac{6}{7}$ m

72 소마셈 – D1

P 72

1주차 — 분모가 같은 진분수의 덧셈

P 74 ≀ 75

분수의 덧셈을 하고, 계산 결과가 가분수이면 대분수로 나타내세요.

$\frac{3}{5} + \frac{1}{5} = \frac{4}{5}$ $\frac{2}{9} + \frac{7}{9} = 1$

$\frac{3}{7} + \frac{3}{7} = \frac{6}{7}$ $\frac{2}{4} + \frac{3}{4} = 1\frac{1}{4}$

$\frac{5}{6} + \frac{5}{6} = 1\frac{4}{6}$ $\frac{6}{10} + \frac{3}{10} = \frac{9}{10}$

$\frac{5}{8} + \frac{3}{8} = 1$ $\frac{4}{7} + \frac{1}{7} = \frac{5}{7}$

$\frac{3}{6} + \frac{2}{6} = \frac{5}{6}$ $\frac{7}{11} + \frac{7}{11} = 1\frac{3}{11}$

$\frac{6}{13} + \frac{9}{13} = 1\frac{2}{13}$ $\frac{2}{9} + \frac{2}{9} = \frac{4}{9}$

$\frac{7}{15} + \frac{7}{15} = \frac{14}{15}$ $\frac{15}{22} + \frac{6}{22} = \frac{21}{22}$

74 소마셈 – D1

분수의 덧셈을 하고, 계산 결과가 가분수이면 대분수로 나타내세요.

$\frac{3}{4} + \frac{3}{4} = 1\frac{2}{4}$ $\frac{4}{7} + \frac{5}{7} = 1\frac{2}{7}$

$\frac{5}{6} + \frac{3}{6} = 1\frac{2}{6}$ $\frac{1}{8} + \frac{5}{8} = \frac{6}{8}$

$\frac{7}{11} + \frac{7}{11} = 1\frac{3}{11}$ $\frac{9}{12} + \frac{8}{12} = 1\frac{5}{12}$

$\frac{4}{9} + \frac{4}{9} = \frac{8}{9}$ $\frac{3}{7} + \frac{4}{7} = 1$

$\frac{7}{9} + \frac{6}{9} = 1\frac{4}{9}$ $\frac{11}{14} + \frac{10}{14} = 1\frac{7}{14}$

$\frac{1}{18} + \frac{12}{18} = \frac{13}{18}$ $\frac{16}{21} + \frac{3}{21} = \frac{19}{21}$

$\frac{9}{20} + \frac{14}{20} = 1\frac{3}{20}$ $\frac{15}{25} + \frac{9}{25} = \frac{24}{25}$

Drill – 보충학습 75

분수의 덧셈을 하고, 계산 결과가 가분수이면 대분수로 나타내세요.

$\frac{2}{8} + \frac{5}{8} = \boxed{\frac{7}{8}}$　$\frac{5}{6} + \frac{4}{6} = \boxed{1\frac{3}{6}}$

$\frac{5}{10} + \frac{3}{10} = \boxed{\frac{8}{10}}$　$\frac{5}{9} + \frac{5}{9} = \boxed{1\frac{1}{9}}$

$\frac{10}{14} + \frac{9}{14} = \boxed{1\frac{5}{14}}$　$\frac{7}{8} + \frac{3}{8} = \boxed{1\frac{2}{8}}$

$\frac{8}{13} + \frac{9}{13} = \boxed{1\frac{4}{13}}$　$\frac{11}{16} + \frac{5}{16} = \boxed{1}$

$\frac{6}{15} + \frac{7}{15} = \boxed{\frac{13}{15}}$　$\frac{8}{11} + \frac{7}{11} = \boxed{1\frac{4}{11}}$

$\frac{13}{14} + \frac{2}{14} = \boxed{1\frac{1}{14}}$　$\frac{13}{22} + \frac{4}{22} = \boxed{\frac{17}{22}}$

$\frac{9}{23} + \frac{19}{23} = \boxed{1\frac{5}{23}}$　$\frac{12}{17} + \frac{13}{17} = \boxed{1\frac{8}{17}}$

분수의 덧셈을 하고, 계산 결과가 가분수이면 대분수로 나타내세요.

$\frac{2}{5} + \frac{2}{5} = \boxed{\frac{4}{5}}$　$\frac{5}{6} + \frac{2}{6} = \boxed{1\frac{1}{6}}$

$\frac{6}{8} + \frac{3}{8} = \boxed{1\frac{1}{8}}$　$\frac{2}{7} + \frac{2}{7} = \boxed{\frac{4}{7}}$

$\frac{7}{16} + \frac{6}{16} = \boxed{\frac{13}{16}}$　$\frac{5}{14} + \frac{8}{14} = \boxed{\frac{13}{14}}$

$\frac{4}{11} + \frac{5}{11} = \boxed{\frac{9}{11}}$　$\frac{2}{13} + \frac{7}{13} = \boxed{\frac{9}{13}}$

$\frac{13}{21} + \frac{6}{21} = \boxed{\frac{19}{21}}$　$\frac{13}{17} + \frac{8}{17} = \boxed{1\frac{4}{17}}$

$\frac{11}{27} + \frac{9}{27} = \boxed{\frac{20}{27}}$　$\frac{5}{31} + \frac{18}{31} = \boxed{\frac{23}{31}}$

$\frac{15}{30} + \frac{18}{30} = \boxed{1\frac{3}{30}}$　$\frac{23}{34} + \frac{8}{34} = \boxed{\frac{31}{34}}$

분모가 같은 대분수의 덧셈

분수의 덧셈을 하세요.

$1\frac{1}{3} + 2\frac{2}{3} = \boxed{4}$　$2\frac{1}{5} + 2\frac{2}{5} = \boxed{4\frac{3}{5}}$

$2\frac{4}{7} + 3\frac{3}{7} = \boxed{6}$　$1\frac{3}{6} + 4\frac{5}{6} = \boxed{6\frac{2}{6}}$

$3\frac{2}{9} + 3\frac{4}{9} = \boxed{6\frac{6}{9}}$　$1\frac{4}{8} + 5\frac{6}{8} = \boxed{7\frac{2}{8}}$

$3\frac{5}{10} + 2\frac{7}{10} = \boxed{6\frac{2}{10}}$　$2\frac{10}{13} + 2\frac{4}{13} = \boxed{5\frac{1}{13}}$

$4\frac{6}{12} + 2\frac{7}{12} = \boxed{7\frac{1}{12}}$　$2\frac{7}{10} + 2\frac{7}{10} = \boxed{5\frac{4}{10}}$

$1\frac{9}{11} + 4\frac{3}{11} = \boxed{6\frac{1}{11}}$　$2\frac{6}{10} + 1\frac{3}{10} = \boxed{3\frac{9}{10}}$

$3\frac{5}{12} + 1\frac{11}{12} = \boxed{5\frac{4}{12}}$　$1\frac{8}{15} + 2\frac{11}{15} = \boxed{4\frac{4}{15}}$

분수의 덧셈을 하세요.

$1\frac{1}{4} + 5\frac{3}{4} = \boxed{7}$　$1\frac{3}{8} + 6\frac{2}{8} = \boxed{7\frac{5}{8}}$

$5\frac{4}{7} + 3\frac{3}{7} = \boxed{9}$　$1\frac{7}{9} + 3\frac{6}{9} = \boxed{5\frac{4}{9}}$

$2\frac{5}{6} + 4\frac{1}{6} = \boxed{7}$　$2\frac{7}{9} + 5\frac{3}{9} = \boxed{8\frac{1}{9}}$

$2\frac{3}{11} + 1\frac{3}{11} = \boxed{3\frac{6}{11}}$　$2\frac{4}{7} + 2\frac{3}{7} = \boxed{5}$

$3\frac{7}{10} + 3\frac{5}{10} = \boxed{7\frac{2}{10}}$　$1\frac{8}{11} + 1\frac{8}{11} = \boxed{3\frac{5}{11}}$

$1\frac{4}{14} + 1\frac{13}{14} = \boxed{3\frac{3}{14}}$　$2\frac{7}{15} + 1\frac{7}{15} = \boxed{3\frac{14}{15}}$

$3\frac{4}{12} + 2\frac{1}{12} = \boxed{5\frac{5}{12}}$　$1\frac{7}{16} + 1\frac{6}{16} = \boxed{2\frac{13}{16}}$

분수의 덧셈을 하세요.

$1\frac{2}{5} + 2\frac{4}{5} = 4\frac{1}{5}$　　$2\frac{5}{9} + 2\frac{6}{9} = 5\frac{2}{9}$

$1\frac{3}{8} + 1\frac{3}{8} = 2\frac{6}{8}$　　$2\frac{5}{7} + 5\frac{4}{7} = 8\frac{2}{7}$

$3\frac{4}{9} + 3\frac{7}{9} = 7\frac{2}{9}$　　$2\frac{5}{6} + 4\frac{2}{6} = 7\frac{1}{6}$

$6\frac{3}{8} + 1\frac{5}{8} = 8$　　$5\frac{4}{7} + 2\frac{2}{7} = 7\frac{6}{7}$

$1\frac{10}{15} + 1\frac{9}{15} = 3\frac{4}{15}$　　$2\frac{4}{11} + 1\frac{8}{11} = 4\frac{1}{11}$

$2\frac{3}{10} + 2\frac{8}{10} = 5\frac{1}{10}$　　$1\frac{5}{13} + 2\frac{6}{13} = 3\frac{11}{13}$

$3\frac{11}{14} + 2\frac{6}{14} = 6\frac{3}{14}$　　$1\frac{9}{17} + 1\frac{10}{17} = 3\frac{2}{17}$

분수의 덧셈을 하세요.

$1\frac{6}{8} + 5\frac{5}{8} = 7\frac{3}{8}$　　$2\frac{3}{5} + 3\frac{4}{5} = 6\frac{2}{5}$

$2\frac{5}{6} + 2\frac{5}{6} = 5\frac{4}{6}$　　$2\frac{3}{4} + 6\frac{2}{4} = 9\frac{1}{4}$

$5\frac{3}{7} + 4\frac{5}{7} = 10\frac{1}{7}$　　$1\frac{8}{9} + 3\frac{8}{9} = 5\frac{7}{9}$

$4\frac{3}{8} + 2\frac{7}{8} = 7\frac{2}{8}$　　$3\frac{5}{6} + 4\frac{4}{6} = 8\frac{3}{6}$

$2\frac{7}{15} + 3\frac{8}{15} = 6$　　$1\frac{8}{21} + 2\frac{8}{21} = 3\frac{16}{21}$

$1\frac{8}{13} + 2\frac{11}{13} = 4\frac{6}{13}$　　$2\frac{9}{11} + 4\frac{7}{11} = 7\frac{5}{11}$

$2\frac{14}{22} + 1\frac{11}{22} = 4\frac{3}{22}$　　$2\frac{12}{24} + 2\frac{9}{24} = 4\frac{21}{24}$

분모가 같은 진분수의 뺄셈

분수의 뺄셈을 하세요.

$\frac{5}{6} - \frac{4}{6} = \frac{1}{6}$　　$\frac{5}{7} - \frac{2}{7} = \frac{3}{7}$

$\frac{8}{9} - \frac{7}{9} = \frac{1}{9}$　　$\frac{7}{8} - \frac{3}{8} = \frac{4}{8}$

$\frac{9}{10} - \frac{6}{10} = \frac{3}{10}$　　$\frac{7}{9} - \frac{6}{9} = \frac{1}{9}$

$\frac{9}{11} - \frac{4}{11} = \frac{5}{11}$　　$\frac{13}{15} - \frac{7}{15} = \frac{6}{15}$

$\frac{12}{14} - \frac{6}{14} = \frac{6}{14}$　　$\frac{15}{16} - \frac{8}{16} = \frac{7}{16}$

$\frac{12}{17} - \frac{9}{17} = \frac{3}{17}$　　$\frac{20}{22} - \frac{9}{22} = \frac{11}{22}$

$\frac{18}{21} - \frac{13}{21} = \frac{5}{21}$　　$\frac{17}{19} - \frac{8}{19} = \frac{9}{19}$

분수의 뺄셈을 하세요.

$\frac{6}{7} - \frac{4}{7} = \frac{2}{7}$　　$\frac{4}{5} - \frac{1}{5} = \frac{3}{5}$

$\frac{7}{9} - \frac{3}{9} = \frac{4}{9}$　　$\frac{6}{8} - \frac{3}{8} = \frac{3}{8}$

$\frac{9}{10} - \frac{7}{10} = \frac{2}{10}$　　$\frac{11}{15} - \frac{7}{15} = \frac{4}{15}$

$\frac{13}{14} - \frac{8}{14} = \frac{5}{14}$　　$\frac{15}{17} - \frac{9}{17} = \frac{6}{17}$

$\frac{8}{11} - \frac{4}{11} = \frac{4}{11}$　　$\frac{13}{16} - \frac{7}{16} = \frac{6}{16}$

$\frac{15}{21} - \frac{6}{21} = \frac{9}{21}$　　$\frac{19}{23} - \frac{4}{23} = \frac{15}{23}$

$\frac{22}{25} - \frac{6}{25} = \frac{16}{25}$　　$\frac{17}{20} - \frac{9}{20} = \frac{8}{20}$

3주차 drill

분수의 뺄셈을 하세요.

$\dfrac{2}{4} - \dfrac{1}{4} = \dfrac{1}{4}$

$\dfrac{3}{7} - \dfrac{2}{7} = \dfrac{1}{7}$

$\dfrac{5}{6} - \dfrac{1}{6} = \dfrac{4}{6}$

$\dfrac{12}{15} - \dfrac{6}{15} = \dfrac{6}{15}$

$\dfrac{20}{21} - \dfrac{12}{21} = \dfrac{8}{21}$

$\dfrac{14}{19} - \dfrac{9}{19} = \dfrac{5}{19}$

$\dfrac{16}{18} - \dfrac{5}{18} = \dfrac{11}{18}$

$\dfrac{4}{5} - \dfrac{3}{5} = \dfrac{1}{5}$

$\dfrac{9}{10} - \dfrac{2}{10} = \dfrac{7}{10}$

$\dfrac{11}{12} - \dfrac{6}{12} = \dfrac{5}{12}$

$\dfrac{15}{17} - \dfrac{3}{17} = \dfrac{12}{17}$

$\dfrac{13}{24} - \dfrac{6}{24} = \dfrac{7}{24}$

$\dfrac{15}{16} - \dfrac{6}{16} = \dfrac{9}{16}$

$\dfrac{23}{28} - \dfrac{20}{28} = \dfrac{3}{28}$

분수의 뺄셈을 하세요.

$\dfrac{7}{8} - \dfrac{1}{8} = \dfrac{6}{8}$

$\dfrac{4}{5} - \dfrac{2}{5} = \dfrac{2}{5}$

$\dfrac{6}{9} - \dfrac{1}{9} = \dfrac{5}{9}$

$\dfrac{11}{14} - \dfrac{8}{14} = \dfrac{3}{14}$

$\dfrac{13}{15} - \dfrac{9}{15} = \dfrac{4}{15}$

$\dfrac{15}{20} - \dfrac{12}{20} = \dfrac{3}{20}$

$\dfrac{19}{25} - \dfrac{15}{25} = \dfrac{4}{25}$

$\dfrac{6}{7} - \dfrac{4}{7} = \dfrac{2}{7}$

$\dfrac{7}{9} - \dfrac{2}{9} = \dfrac{5}{9}$

$\dfrac{11}{13} - \dfrac{6}{13} = \dfrac{5}{13}$

$\dfrac{12}{16} - \dfrac{7}{16} = \dfrac{5}{16}$

$\dfrac{21}{24} - \dfrac{12}{24} = \dfrac{9}{24}$

$\dfrac{23}{26} - \dfrac{18}{26} = \dfrac{5}{26}$

$\dfrac{21}{32} - \dfrac{17}{32} = \dfrac{4}{32}$

84 소마셈 – D1

4주차 drill 　분모가 같은 대분수의 뺄셈

분수의 뺄셈을 하세요.

$3\dfrac{2}{3} - 1\dfrac{1}{3} = 2\dfrac{1}{3}$

$5\dfrac{1}{8} - 1\dfrac{5}{8} = 3\dfrac{4}{8}$

$2\dfrac{2}{5} - 1\dfrac{3}{5} = \dfrac{4}{5}$

$4\dfrac{2}{6} - 2\dfrac{5}{6} = 1\dfrac{3}{6}$

$3\dfrac{4}{7} - 2\dfrac{5}{7} = \dfrac{6}{7}$

$6\dfrac{1}{10} - 1\dfrac{6}{10} = 4\dfrac{5}{10}$

$4\dfrac{5}{7} - 2\dfrac{2}{7} = 2\dfrac{3}{7}$

$6\dfrac{4}{5} - 3\dfrac{1}{5} = 3\dfrac{3}{5}$

$3\dfrac{6}{7} - 1\dfrac{2}{7} = 2\dfrac{4}{7}$

$5\dfrac{1}{4} - 4\dfrac{2}{4} = \dfrac{3}{4}$

$3\dfrac{7}{9} - 2\dfrac{4}{9} = 1\dfrac{3}{9}$

$4\dfrac{2}{9} - 1\dfrac{8}{9} = 2\dfrac{3}{9}$

$5\dfrac{3}{5} - 3\dfrac{1}{5} = 2\dfrac{2}{5}$

$6\dfrac{3}{12} - 3\dfrac{8}{12} = 2\dfrac{7}{12}$

분수의 뺄셈을 하세요.

$4\dfrac{1}{3} - 1\dfrac{2}{3} = 2\dfrac{2}{3}$

$5\dfrac{5}{8} - 2\dfrac{2}{8} = 3\dfrac{3}{8}$

$4\dfrac{1}{6} - 1\dfrac{5}{6} = 2\dfrac{2}{6}$

$5\dfrac{1}{9} - 4\dfrac{5}{9} = \dfrac{5}{9}$

$7\dfrac{4}{5} - 3\dfrac{1}{5} = 4\dfrac{3}{5}$

$4\dfrac{3}{8} - 3\dfrac{7}{8} = \dfrac{4}{8}$

$6\dfrac{9}{11} - 3\dfrac{8}{11} = 3\dfrac{1}{11}$

$2\dfrac{2}{7} - 1\dfrac{4}{7} = \dfrac{5}{7}$

$4\dfrac{3}{5} - 2\dfrac{4}{5} = 1\dfrac{4}{5}$

$7\dfrac{2}{4} - 1\dfrac{3}{4} = 5\dfrac{3}{4}$

$6\dfrac{5}{7} - 5\dfrac{2}{7} = 1\dfrac{3}{7}$

$3\dfrac{2}{9} - 2\dfrac{8}{9} = \dfrac{3}{9}$

$8\dfrac{2}{7} - 2\dfrac{4}{7} = 5\dfrac{5}{7}$

$3\dfrac{7}{13} - 1\dfrac{11}{13} = 1\dfrac{9}{13}$

86 소마셈 – D1

4주차 drill

분수의 뺄셈을 하세요.

$3\frac{2}{4} - 2\frac{3}{4} = \boxed{\frac{3}{4}}$ $5\frac{2}{7} - 1\frac{6}{7} = \boxed{3\frac{3}{7}}$

$4\frac{5}{6} - 2\frac{4}{6} = \boxed{2\frac{1}{6}}$ $7\frac{1}{3} - 4\frac{2}{3} = \boxed{2\frac{2}{3}}$

$7\frac{1}{5} - 1\frac{3}{5} = \boxed{5\frac{3}{5}}$ $4\frac{2}{5} - 3\frac{4}{5} = \boxed{\frac{3}{5}}$

$6\frac{3}{4} - 3\frac{1}{4} = \boxed{3\frac{2}{4}}$ $6\frac{7}{8} - 3\frac{3}{8} = \boxed{3\frac{4}{8}}$

$4\frac{5}{7} - 3\frac{6}{7} = \boxed{\frac{6}{7}}$ $6\frac{4}{9} - 4\frac{6}{9} = \boxed{1\frac{7}{9}}$

$5\frac{1}{9} - 3\frac{8}{9} = \boxed{1\frac{2}{9}}$ $3\frac{1}{6} - 2\frac{5}{6} = \boxed{\frac{2}{6}}$

$6\frac{2}{11} - 4\frac{7}{11} = \boxed{1\frac{6}{11}}$ $3\frac{3}{15} - 1\frac{9}{15} = \boxed{1\frac{9}{15}}$

분수의 뺄셈을 하세요.

$5\frac{1}{9} - 2\frac{4}{9} = \boxed{2\frac{6}{9}}$ $3\frac{1}{5} - 2\frac{4}{5} = \boxed{\frac{2}{5}}$

$6\frac{3}{7} - 3\frac{5}{7} = \boxed{2\frac{5}{7}}$ $5\frac{2}{4} - 4\frac{3}{4} = \boxed{\frac{3}{4}}$

$7\frac{3}{8} - 1\frac{7}{8} = \boxed{5\frac{4}{8}}$ $4\frac{1}{6} - 2\frac{5}{6} = \boxed{1\frac{2}{6}}$

$9\frac{1}{5} - 1\frac{4}{5} = \boxed{7\frac{2}{5}}$ $8\frac{4}{10} - 3\frac{7}{10} = \boxed{4\frac{7}{10}}$

$4\frac{8}{9} - 3\frac{3}{9} = \boxed{1\frac{5}{9}}$ $4\frac{3}{8} - 3\frac{5}{8} = \boxed{\frac{6}{8}}$

$5\frac{2}{5} - 4\frac{4}{5} = \boxed{\frac{3}{5}}$ $3\frac{11}{13} - 1\frac{6}{13} = \boxed{2\frac{5}{13}}$

$4\frac{13}{15} - 2\frac{9}{15} = \boxed{2\frac{4}{15}}$ $5\frac{7}{20} - 1\frac{13}{20} = \boxed{3\frac{14}{20}}$

88 소마셈 – D1   Drill – 보충학습 **89**

정답 **111**

Note